천호진의
생활 목공 DIY

천호진의 생활목공 DIY

내 인생
두 번째 취미

오픈하우스

CONTENTS

인터넷 생활 목공 DIY 사이트

만들고 www.mandulgo.com

책이라는 결과물이 나왔다면 순전히 가족과 같이 함께 일하는 '만들고(www.mandulgo.com)' 식구들의 공이다.
'만들고'는 인터넷을 통해 생활 목공 DIY를 할 수 있도록 제품을 판매하고 다양한 서비스를 제공한다.
아파트로 대표할 수 있는 협소한 거주공간에서 나무를 재단한다거나 하는 일은 쉽지 않다.
하지만 '만들고'와 같은 인터넷 사이트들이 이러한 제약을 일부분 제거해준다.

나무를 좋아하는 사람들은 좋은 사람들이 많다.
그런 이들과 함께 일할 수 있어서 행복하다.

Chapter 1

나무 사랑이 생활 목공 DIY의 시작

1

항의하러 온 나섬씨

불완전한 책상에 대한 불평

어느 우중충한 오후였다.

내가 운영하는 '만들고' 공장에 말끔한 차림의 고객 한 분이 느닷없이 찾아왔다. 얼추 서른은 넘어 보였다. 나는 직감적으로 우리 회원 중 한 분이, 주문을 하고 직접 가구를 만들던 중에 문제가 생겼구나 하고 짐작했다. 아니나 다를까 내 예상은 적중했다.

나섬이라고 자신의 이름을 밝힌 그 분의 얼굴은 조금 상기돼 있었다. 이유인 즉, 어느 날 친구 집에 갔다가 원목가구를 보고 반해 자기 손으로 가구를 만들어 보고 싶은 마음이 들었다는 것이다. 이후 나무 냄새가 그리워 일이 손에 잘 잡히지 않았다. 그래서 나무로 무언가를 만들어 보고 싶은 욕망에 사로잡혀 있던 중에 우연히 '만들고' 사이트를 알게 되었고 무엇보다 DIY, 즉 자기 손으로 직접 자신이 쓸 가구를 만들 수 있다는 희망에 부풀어서 테이블을 주문했단다. 하지만 우여곡절 끝에 조립은 마쳤지만 만들어진 테이블이 도대체가 약해

빠지고 흔들려서 쓸 수가 없을 정도였고, 혹 제대로 만들었다 쳐도 칠은 어떻게 해야 할지부터 온통 막막한 것 투성이라 한달음에 나를 찾아와 하소연하듯 이야기를 시작하게 된 것이다.

가만히 그의 얘기를 듣다보니 문득 내가 처음 인터넷을 접했던 옛날 이야기가 생각이 났다.

당시 내가 처음 산 컴퓨터는 윈도우 3.1버전이었다. 그 때만 해도 하드웨어들 간의 호환이 불가능한 부품들이 많아서 이들을 조합하는 것만 해도 머리에 쥐가 날 지경이었다. 그러다 서점에서 컴퓨터 관련 서적을 하나 둘 뒤적거리기 시작했고, 인터넷이라는 것을 알게 되었다. 아… 그 때의 감동이란! 이런 세계가 있다니! 그 당시 천리안이 제일 먼저 인터넷 서비스를 시작한 것으로 아는데, 그 날 이후 용산의 상가들을 무작정 뒤지기 시작했다.

그것은 새로운 시나리오를 받아들었을 때 한 캐릭터에 생명력을 불어 넣기 위해 그 캐릭터의 직업을 가진 실존하는 사람을 찾아가는 여정과 비슷하다는 생각이 들었다. 물론, 감독이나 작가들도 발로 뛰어 집요하게 사전 조사를 하고 시나리오를 쓴다지만, 그것을 받아든 배우에게도 똑같은 과정이 필요하다고 나는 믿는다. 그러니까 이건 어떤 직업병(?)에 가까운 집요함이었다고 할 수 있겠다.

우여곡절 끝에, 결국 모뎀을 장착하고 접속을 시도했지만 접속방법이 너무나 어려웠다. 몇 날 며칠, 그렇게 밤을 새우면서 책에 나온 대로 따라해 보았지만 결국 책을 들고 출판사로 뛰어갈 수밖에 없었다. 그리고 어렵사리 저자를 만났다. 시나리오 속의 실존 인물을 만난 기분이었다. 나는 '당신의 책대로 해봤는데 도저히 인터넷이라는 것과는 연결할 수가 없었다, 연결되는 모습을 딱 한 번만이라도 보고 싶다' 고 떼를 썼다. 쉽지는 않았지만 결국 그 방법을 알게 되었고, 인터넷의 바다 위로 즐거운 서핑을 즐길 수 있게 되었다. 그리고 그 때 외국 사이트 등에서 처음 목공을 접하게 된 게 지금 이렇게 나의 제 2의 인생이 되어버린 것이다. (그 때는 전화로만 인터넷 접속이 되었기 때문에 전화비가 엄청 나왔다.)

그런 아픈(?) 과거를 나는 나섬씨를 통해서 다시금 회상할 수 있었다. 아무리 제품이 불만족스러워도 이렇게 직접 뛰어오기는 쉽지 않은데 용감하게 와 주신 것도 고맙고, 생활 목공 DIY에 뚜렷한 의지가 있는 것 같아서 차근차근 말을 풀어보기로 했다. 나는 그의 끈질김과 집념에 동질감을 느낀 것이었다.

천 샘 이거 참 저희 제품을 구매하셨는데 결과가 좋지 않아서 죄송합니다. 그 바람에 이렇게 직접 찾아와 주셔서 감사하구요. 제가 도와

드릴 수 있는데 까지 최선을 다해 도와 드리겠습니다. 어떤 문제점이 있었는지 말씀해 주시면 제품에 반영도 하고 다른 부분이라면 기술 지원도 해드리겠습니다.

나 섬 네. 이렇게 천호진 선생님 같은 분을 직접 만나 뵙고 얘기를 할 수 있어서 마음이 놓이는군요. 좀 엉뚱하긴 하지만 제가 왜 나무를 좋아하게 되었는지부터 말씀을 드려야겠군요.

천 샘 네, 그것부터 처음부터 차근차근 이야기를 시작해 보세요.

나 섬 어느 날 친구들과 함께 광릉수목원에 놀러갔는데 그날따라 유난히 밝은 햇살과 함께 어우러진 이름 모를 나무숲의 모습 속에서 '살아 있는' 나를 발견하게 되었습니다. 그리고 믿기지 않게도 어떤 계시와도 같은 느낌으로 나무와 가구가 연결이 되는 것이 느껴졌습니다. 그 날 이후로 나무 생각이 머릿속을 떠나지 않고 있었는데, 친구의 집에서 원목가구를 보고 완전히 반해 버렸죠. 그러다가 인터넷 서핑 중에 천선생님의 사이트를 알게 되었습니다.

천 샘 하하, 저와 비슷하시군요. 어떤 교감 같은 게 느껴집니다. 계속해 보시죠.

나 섬 경험도 없으면서 덜컥 다용도 테이블 주문부터 하고, 만들어 보기 시작했는데 전혀 조립이 잘 안되더군요. 은근히 기대를 많이 했는데 말이죠. 결국 포기하고 싶은 마음도 들었는데 그럴수가 없었습니다. 무모하게 DIY를 낭만적으로 생각했는지 모르겠어요. 제가 너무 무모했나요?

천 샘 하하 그렇습니까. 하지만, 결코 잘못하신 게 아닙니다. 무모하셨던 것은 더더욱 아니고요. 저 역시 나섬씨와 비슷한 연유로 나무를 접하게 되었습니다. 다만 접근 방식에 있어서 나섬씨와 조금 차이가 있는 것 같군요. 그것은 개인차라고도 할 수 있겠는데 저 같은 경우는 개념을 굉장히 중요하게 생각합니다. 출연할 작품을 고를 때도 한 캐릭터에만 집중하지 않고 영화의 전체를 봅니다. 그래서 그 영화가 끝났을 때 관객들에게 전해지는 느낌. 즉 영화가 어떤 이야기를 하려 하는지 '주제'와 '영화의 개념'을 가장 중요하게 여기죠.
제가 초창기 인터넷 세대인데 처음에 뭣도 모르고 인터넷을 하려고 발로 뛰면서 고생하면서 배웠거든요.
처음부터 개념을 알고 시작 할 수 있다면 훨씬 수월 했을 텐데 말이죠. 그러나 발로 뛰는 과정이 없이는 개념을 정립 할 수도 없다고 생각합니다. 모르면 용감해진다고 처음 시작은 어쩔 수 없이 부딪혀보는 것이 맞겠죠. 나무도 그렇게 알아 가시면 된다고 생각합니다.

나 섬 아하! 일단 과정은 틀리더라도 결론은 똑같네요. 직접 발로 뛰었다는……. 저도 여기까지 뛰어왔답니다, 한걸음에. 하하! 그나저나 저도 천선생님처럼 DIY를 완벽하게 하고 싶습니다. 시간도 없고 어서 가르쳐 주십쇼.

천 샘 하하 서두른다고 되나요? 끓을 만큼 끓어야지 밥이 된다는 말이 있잖아요. 그럼 용어 하나 먼저 정리하면서 시작하죠. DIY가 무엇이라고 생각하시는지요?

나 섬 DIY=Do It Yourself! 말 그대로 네 스스로 해라! 아닌가요?

천 샘 네, 맞습니다. 그러면 DIY의 범위가 얼마나 넓은지 잠시 생각해 보시죠.

나 섬 (잠시 생각하다가) 네, 엄청나게 넓겠다는 생각이 드는군요. 모든 것이 내가 직접 하면 DIY가 되겠네요. 간단하게는 요리부터 복잡하게는 자동차 정비까지……. 하다못해 쓰레기 치우는 것도 내 손으로 하면 DIY가 되겠군요.

천 샘 바로 그겁니다. 그중에서 제가 하는 것이 생활 목공(生活木工) DIY라고 할 수 있죠. 생활 목공 DIY는 자기 손으로 직접 나무를 만지고 나의 생활에 필요한 '오로지 나만의 가구'를 만드는 것입니다.

결국 나무와 나와 교감하는 것이 되겠지요? 나섬씨는 나무를 얼마나 만져봤죠?

나섬 윽! 나무를 좋아한다고 했는데 사실 나무를 만져보는 일이 일상에서 흔히 있는 일은 아니죠.

천샘 그렇죠? 생활 목공 DIY 이전에 우리는 나무를 만지는 일을 하게 되는 겁니다. 먼저 나무부터 천천히 알아봅시다.

2

나무에 관하여

나무를 안다는 것은 결코 쉬운 일이 아니다. 더욱이 나무를 사랑하는 것은 더 어려운 일이다. 모든 나무는 고유의 결과 색을 가지고 있으며 그 색과 결이 어떻게 가공되고 어떻게 칠해지느냐에 따라 너무나 다른 느낌을 전달하기 때문이다. 생활 목공 DIY에 기본이 되는 집성판재는 일단 일반인들이 다루기 쉽게 가공한 나무라고 보면 좋다. 꼭 집성판재를 DIY에 쓰는 것이 좋으냐고 묻는다면 그건 아닐 것이다. 하지만 제재목*을 다뤄보기 전에 집성판재를 다뤄 보는 것이 좋다고 생각한다.

제재목으로 처음부터 시작할 수도 있겠으나 일반적인 현재 우리의 생활양식(아파트 문화)에서 공간, 시간, 소음(제재목을 다루기 위해서는 큰 기계들의 도움을 받아야 한다.)등의 제약이 따른다. 그래서 일반 소비자들을 위해서 그런 일련의 과정을 생략하고 바로 재단을 할 수 있도록 준비해 놓은 상태가 집성판재라고 할 수 있다. 그렇다고 집성판재로 만든 가구가 실제 가구의 역할을 못하는 것이 절대 아니다. 집성판재 역시 '원목' 이기 때문이다. 집성판재와 제재목의 차이는 끝에

* 제재목 여기서는 제새소에서 통나무를 바로 켜놓은 상태의 나무를 말한다.

설명하기로 하겠다. 이 책에서 만들어볼 실용 가구들도 그러한 집성 판재로 만들어진 내용이다. 나무의 종류가 다양하지만 일반적으로 많이 쓰이고 활용도가 높은 나무에 대해 상식수준의 내용을 알아두면 좋을 것 같아 소개를 시작하고자 한다.

집성판재의 종류

고무나무

미국 북부는 일리노이, 남부는 플로리다, 서부는 텍사스 동부에서 대서양까지 미국의 동남부지역 해발 1,000m 지역에 분포한다. 회색빛이 난다. 적 고무나무(Sap Gum)는 종종 수액의 색깔로 인해 연분홍색을 띈다. 붉은 고무나무는 (Red Gum) 적 고무나무의 심재로 생산량은 제한되어 있고, 붉은 갈색이며 종종 훌륭한 무늬를 형성한 것을 찾아볼 수 있다.

용도: DIY 가구, 주니어장, 벽 널판, 수납장 등

더글러스

식물학적으로 소나무는 아니지만 오레곤 파인, 콜롬비아 파인이라고 불리는 더글러스는 예전에는 미송이라고 불렀으나 80년대에 더글러스라 부르기 시작했다. 북미대륙 서부에 널리 분포하며 높이 50m 직경 1~2m 되는 것이 많다. 가장 큰 나무는 높이 98m 직경 3~5m로 기록되어있다. (수령 400~1000년 된 것) 기계가공이 용이하고 건조는 빠르고 나무 면은 거칠다. 큰 치수의 제재목을 얻을 수 있고 부두, 항만공사 등에 쓰인다. 눈에 띄는 나이테 무늬를 갖고 있다.

용도: DIY 가구, 무늬목, 건축, 토목, 가구, 합판 등

레드파인(홍송)

캐나다 동남 마니토바에서 미국의 오대호 부근 일대에서 분포한다. 높이 20~30m 직경 30~90cm에 달하는 상록 침엽수이다. 소나무 종류의 소프트우드(침엽수에 해당하며 부드럽고 가벼운 나무)로 고급스러운 재료로 공방 및 DIY 가구로 자주 애용된다. 선이 곧고 가늘어 깨끗하고 정교한 느낌을 준다. 스프러스 보다 단단하며 변형이 적고 , 미송이나 스프러스 보다 붉은 색이 짙다.

용도: DIY 가구, 건축, 상자, 펄프, 문짝, 창틀, 건축구조용재 등

미송

소나무과에 속하는 소프트우드로 외국산 소나무를 미송이라 통칭한다. 국내에서 가장 널리 알려진 목재이며 브라질, 칠레, 중국, 러시아, 뉴질랜드 등에서 수입된다. 여러 나라에서 수입된 것 중, 브라질산 미송 집성판재를 최상급으로 친다. 미송은 미국에서 수입된 소나무라고 해서 예전에는 스프러스, 더글러스, 햄록을 전부 미송이라고 불렀으나, 80년대 들어서 서로 다른 수종이라는 것이 알려졌고, 그 때부터 더글러스는 더글러스, 스프러스는 스프러스, 햄록은 미송이라고 불리게 되었다. 그러니까 현재 미송이라 함은 햄록이다. 상업적으로 이용되는 대부분의 침엽수보다 강도가 매우 높으며 침엽수중 가장 견고한 목재로 건축재로 많이 사용한다. 일본에서는 히노키 수종(편백)과 견줄 만큼 가치 있는 수종으로 친다.

용도 : DIY 가구, 건축, 토목, 조각, 차량재, 펄프, 합판, 사다리, 마루용 등

자작나무(버치)

강원도 이북의 높은 산, 일본, 중국에 분포. 대개는 구분 않고 판매되지만 심재와 변재 간에 뚜렷한 색의 차이가 있기 때문에 제재목으로 가구를 만드는 사람들 중에는 변재(옅은 색을 띄며 백자작이라고도 한다.)와 심재(붉은색이 많다. 적자작이라고도 한다.)를 구분해서 사용한다. 매우 작은 옹이와 아름다운 절류 문양(Burl, 節瘤紋樣 옹이나 나이테가 꼬이고 엉켜서 나타나는 독특한 무늬결)을 지닌 것들이 많다. 균일하고 고운 나무이다. 변재는 밝고 산뜻한 크림색, 심재는 우아하고 온화한 느낌의 짙은 적갈색이다.

용도: DIY 가구, 실패, 이쑤시개, 펄프, 악기, 토산품, 농기구, 가구재 등

너도밤나무(비취)

하드 우드(활엽수가 해당되며 단단하고 무겁다)에 속하며 캐나다 남동부, 미국의 동부에서 자란다. 높이 20~25m 직경 30~80cm . 탄성이 강하고 휨 가공에 최적이다. 나사못 가공시 조직이 치밀해서 반드시 Pre Hole을 뚫어 주어야한다.

용도 : DIY 가구, 마룻바닥, 장난감, 숯, 펄프, 박스, 운반용구, 팔레트, 창틀, 문, 판재, 목공, 목기, 핸들, 음식용기 등

스프러스(가문비나무)

껍질이 짙은 회갈색으로 흑 떠목-검은 껍질의 나무라는 뜻으로 불린다. 검은 피나무로 불리다가 가문비로 불리게 되었다고 추측되고 있다. 우리나라에서는 북한지역의 높은 산에서 자라며 높이40m, 지름 1m정도다. 소프트우드이며 판재는 북미, 유럽에서 수입된다. 무게에 비해 강해서 초기에는 비행기에 많이 사용했다고 한다. 음향적 성질도 좋아 악기재에도 많이 사용된다.

재질이 연하고 부드럽다.

용도 : DIY 가구, 창호, 가구재, 악기재, 합판, 문구, 건설자재, 몰딩 등

삼나무(시더)

측백나무과이며 부드럽고 가볍다. 국내에서는 일본산, 북미산을 사용한다.

스기/삼나무는 일본이 원산지로 한국(남부지방 전남, 경남)의 주요수종으로 식재되었다고 한다. 제주도에는 방풍림으로 많이 분포하고 있다.

높이 40m, 지름 2m까지 자랄 수 있는 상록침엽수이다. 외형은 특이하게 원뿔모양이다. 미국산 시더는 "예로우 시더"로 알려져 있다. 재질이 좋고 특유의 향이 있다.

용도 : DIY 가구, 서랍재, 건축재, 장식재 등

물푸레나무(애쉬)

물푸레라는 말은 물을 푸르게 하는 나무라는 뜻이다. 나뭇결은 거칠지만 가공 후에는 무늬가 곱고 아름답다. 강하고 무거우며 강도가 뛰어나다. 평상이나 조탁 등 투박하고 묵직한 제품을 만들기에 좋다. 우리나라, 중국, 미국, 러시아 등에 분포한다.

흔히 예전에는 도끼자루 만드는 나무로 통했다. 나뭇결은 참나무(오크)와 매우 흡사하다.

용도 : DIY 가구, 내장재, 손잡이, 운동기구, 스포츠 용품, 선박, 차량용품, 완구, 악기재 등

오리나무 (엘더)

자작나무과의 하드우드로 무겁고 단단하다. 한국, 일본, 대만, 시베리아 등에 분포한다.

용도 : DIY 가구, 건축(내장), 조각, 공예, 제기, 손잡이, 펄프, 연필, 선박 등

오동나무

한국과 중국이 원산지이지만 중국, 일본에서 널리 식재되고 있다. 연하고 약하지만 뒤틀림이나 습도조절에 강하다.

쓰임새가 매우 다양해서 우리나라 고유의 현악기인 거문고, 가야금 등 악기재와 문갑, 장롱 등의 가구재로 널리 쓰인다.

또 민간 약재로도 쓰여서 미역국을 먹고 체하면 오동잎을 다려 먹었고, 살충제가 없던 옛날에는 화장실의 구더기를 없애는데 오동잎을 쓰기도 했다 한다. 참으로 효율적인(?) 나무라 할 수 있겠다.

용도 : 상자, 악기, 조각, 서랍재, 필통, 목탄, 운동구 등

참나무(오크)

전 세계에 걸쳐 있지만, 특히 미국 중동부 전역에 많이 분포한다. 대단히 단단하고 무거운 나무다. 내구성과 균일한 강도, 아름다운 결 때문에 다용도로 쓰인다. 대표적으로 화이트 오크, 레드오크로 구분한다.

수종이 60여종이 넘는다. 특히 화이트 오크는 세계적으로 애용하는 특수목재이다.

용도 : DIY 가구, 내장, 상자, 차량, 농기구, 건축 등

히노키

측백나무과의 소프트우드. 피톤치드가 함유되어 있어서 항균, 방부의 친환경목재로 인기가 많다. 이 히노키에 함유되어 있는 피톤치드는 나무에서 방산되어 주위의 미생물 따위를 죽이는 작용을 하는 물질. 삼림욕 효능에 좋다.
어린이나 노인 또는 아토피성환자, 천식환자의 건강에 큰 도움이 된다. 습기나 물에 노출되어 특유의 향기를 뿜을 때 유해물질 제거 효과가 나타나는 만큼, 실내 공기를 숲 속 같은 상태로 만들어 주는 효과가 있다.
용도 : DIY 가구, 욕조, 가구내장재 등

라왕

하드우드에 속하며 국내에는 백라왕과 황라왕이 있다. 원산지는 필리핀, 말레이시아, 인도네시아, 보르네오, 태국, 미얀마 등이다.
우리나라에서는 말레이시아와 인도네시아 산이 주종을 이룬다.
용도 : 가구재, 건축, 팔레트, 합판, 문틀, 바닥재, 내장재, 기둥, 창틀 등

사서나(러시아 홍송)

구소련에서 생산된 소나무. 한국에서는 소련산 Red Wood로 알려져 있다.
용도 : DIY 가구, 건축용, 토목, 합판, 펄프 등

제재목에 대해서

나무의 구조

앞서 살펴본 것처럼 나무의 종류는 다양하다. 하지만 그 다채로운 나무들도 공통적인 습성이 있다. 나무의 단면도를 통해 나무의 기본적인 구조를 알아보자. 꼭 알아야하는 것은 아니지만, 이런 부분을 알아두면 큰 도움이 된다.

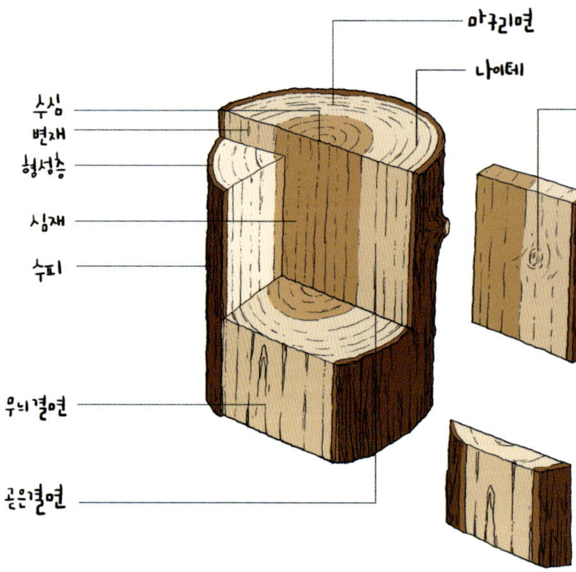

수심(樹心) 목재의 중심 〈=〉 수피

변재(邊材) 수피 가까운 부분의 색이 옅고 무른 목재 〈=〉 심재

형성층(形成層) 물관과 체관 사이, 부피생장이 일어나는 한 층의 살아있는 세포층

심재(心材) 수심 가까운 부분의 색이 짙고 단단한 목재 〈=〉 변재

수피(樹皮) 목재의 표피 〈=〉 수심

무늬결면 수심을 지나지 않는 목재의 종단면 〈=〉 곧은결면

곧은결면 수심을 지나는 목재의 종단면

마구리면 목재의 횡단면

나이테(연륜, 年輪) 한 쌍의 춘재와 추재

- 춘재(春材): 나이테 중 봄~여름 사이 생장, 색이 옅고 조직이 치밀하지 않아 목질이 무른 부분
- 추재(秋材): 나이테 중 가을~겨울 사이 생장, 색이 짙고 조직이 치밀하여 목질이 단단한 부분

옹이(절, 節) 목재 줄기에 박힌 가지의 그루터기. 옹이가 있는 목재는 유절재, 없는 목재를 무절재라 한다.

- 산 옹이: 옹이와 주변 조직이 유착되어 제재 후 빠지지 않는 옹이. 다른 목질부 보다 단단하여 가공이 다소 어려우나 목재를 사용하는 데는 별로 지장이 없다.
- 죽은 옹이: 옹이와 주변 조직이 유리되어 빠지는 옹이로서 가공에 지장을 준다.
- 썩은 옹이: 삭아서 부스러지는 옹이로서 가공에 지장을 준다.

여기서 보면 제재목을 제재해서 건조하는 과정에서 그림과 같이 갈라지는 부분이 생긴다. 저런 부분(그림, 갈라진 나무그림)을 잘라내고 좋은 부분만 집성을 해야 하기 때문에 모든 나무의 가격에는 손실 부분의 가격이 책정이 되어있는 것이다. 집성목의 가격이 조금 더 비싸지는 이유도 여기에 있다.

처음 통나무를 제재하면 굉장히 많은 습기를 함유하게 된다. 그래서 사용을 하기 전에 건조를 시켜 주어야 한다. 그렇게 건조한 나무는 변화된 모습을 보여준다. 휘어진 상태로 건조가 되면 다시 일련의 과정(대패질 등)을 거쳐서 평평한 판재를 만든다.

여기서 우리가 흔히 하는 실수를 하나 바로 잡을 필요가 있다.

위의 설명에서 보듯이 일반적으로 바로 벌목을 해온 통나무는 우리가 접하는 상품처럼 하나의 넓은 판재로 나올 수가 없다. 왜냐하면 통나무의 지름에 한계가 있기 때문이다.

그래서 넓은 판재를 얻기 위해서 일정한 폭으로 나무를 켜서 집성(나무의 조각들을 연결해서 붙이는 일련의 과정)이라는 과정을 거치게 된다. 따라서 집성을 했다고 해서 원목이 아니라고 할 수는 없는 것이다. 혹자는 집성목, 집성목하면서 원목이 아닌 것처럼 얘기하는 경우가 있는데 이들도 버젓이 오크, 비취, 애쉬 등의 이름을 가지고 있다. 그러니 그 '혹자'들은 실수를 범하고 있는 것이다.

따라서 이들은 반드시 나무의 이름을 붙여 오크집성판재, 자작집성판재 등으로 불러야한다. 흔히 원목가구라고 하는 가구들도 넓은 면을 얻기 위해서는 집성이라는 과정을 거치기 때문이다. 집성판재는 단순히 편의성을 위해서 공장에서 그런 과정을 대신해서 나온 것이라고 보면 된다. 집성판재를 쓰지 않고 흔히 우리가 말하는 원목가구라 하는 나무는 제재목이라고 이름을 붙여야 하지 않을까 생각한다. 제재소에서 바로 제재한 상태의 나무를 뜻하는 의미에서 말이다.

POINT

제제하는 과정

일반적으로 제재소에서 어떤 방식으로 나무를 켜는지 알아두는 것이 좋을 것 같다.

1. 제재하기 전의 통나무. 놀랄 만큼 크다.
2. 처음에 거대한 띠톱에 통 원목을 올려놓은 뒤 일단 자리를 잡기위해서 피죽(껍질)을 켜낸다.
3. 이와 같이 네 귀퉁이를 켜낸 뒤 수심을 중심으로 반을 자른다. 이 상태에서 나무결대로 켤지 곧은결로 켤지 결정한다.
4. 반으로 가른 나무를 다시 띠톱에 물려서 원하는 두께별로 판재를 켜고, 이때 알맞은 사이즈로 리사이징(Resizing)한다.
5. 위의 과정을 거쳐 켜낸 판재. 이와 같은 과정을 거쳐 제재가 이루어진다.

단, 상품화된 집성판재와 제재목으로 가구를 만들 때의 차이는 나무결을 제작자의 의도대로 사용할 수 있는지의 여부와 관련된다. 즉, 상품화된 집성판재는 내 마음대로 무늬결만 쓴다든가, 곧은결만 쓴다든다 하는 미적차이를 두기가 어렵다는 뜻이다. 하지만 제재목의 경우, 제재 당시부터 곧은결로 혹은 무늬결로 제재해서 제작자의 의도대로 나뭇결을 사용할 수 있는 장점이 있다. (무늬결과 곧은결에 대해서는 뒤에 설명을 하겠다)

이런 집성판재도 집성하는 방식에 따라 구분할 수 있다.

집성판재의 집성방식

POINT

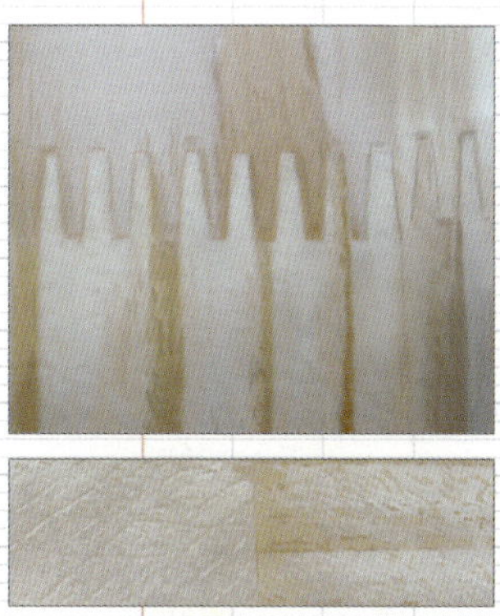

탑 핑거 방식 Top-finger
톱니형태의 접합부가 상판에 드러남.

사이드 핑거 방식 Side-finger
상판에서는 일자형으로 접합된 것처럼 보이지만 측면에서 톱니형태로 접합

솔리드 방식 Solid
원목을 길게 잘라 측면 접합으로만 이루어진 형태

이렇게 결과물로만 보면 누구나 솔리드 방식의 집성판재를 쓰고 싶어 할 것이라 생각한다. 그러나 불행하게도 솔리드 방식은 가격 면에서 다른 방식보다 비싸다. 눈치가 빠른 분들은 그 이유를 알아차렸을 것이다. 탑 핑거나 사이드 핑거는 한 나무에서 곧게 켜내지 않아도 되거니와 토막끼리 연결을 해도 충분히 판재를 만들 수 있기 때문에 사이즈도 다양하고 단가도 떨어뜨릴 수 있다. 반면, 솔리드 방식은 어찌됐든 길이대로 한 번에 곧게 나무를 켜서 집성해야 하기 때문에 가격이 올라 갈 수 밖에 없는 것이다.

소비자 입장에서 무조건 비싼 솔리드 방식을 고집하거나 판매자 역시 일방적으로 솔리드 방식을 강요할 것이 아니라, 정확한 상담을 통해 탑 핑거나 사이드 핑거 방식도 적절히 권하고 소비할 수 있어야 한다. 한 예로, 나무에 칠을 할 경우 나뭇결의 미적 감각(나뭇결의 아름다움)을 잘 살리려면 솔리드 방식을 권하지만 결을 크게 상관하지 않아도 된다면 굳이 비싼 솔리드 방식보다는 탑 핑거나 사이드 방식의 집성판재를 쓰도록 권유한다. 구조가 튼튼한지 아닌지는 디자인에서 결정되는 것이지 싸고 비싼 것으로 결정되는 것이 아니기 때문이다.

3

DIY를 시작하기 전에

나 섬 나무도 참 복잡하고 알아야 할 게 많군요. 꼭 그런 걸 다 외워야 하는 건 아니겠지요?

천 샘 당연히 외우지 않아도 되죠. 하하. 너무 공부하듯 하면 금방 지칩니다. 그렇지만 한번이라도 개념을 알기 위해서 공부를 해본 것과 그렇지 않고 처음부터 바로 가구를 만들기 시작하는 것과는 분명히 차이가 있습니다. 앞으로 수백 번 이런 이야기를 해야겠지만 생활 목공 DIY는 기다림의 작업입니다. 기다림의 미학까지는 아니겠지만 기다림을 모르는 사람은 나무를 만질 자격이 없는 사람입니다. 나무와 교감할 수 없다는 뜻이죠. 외람된 말씀입니다만, 영화작업과도 비슷합니다. 영화에서 단 1초의 장면을 찍기 위해, 그 멋진 장면을 만들어내기 위해 수많은 스태프들이 일을 합니다. 그 일을 하지 않는 스태프들이나 배우들은 그 장면을 상상하면서 혹은 감정에 몰입된 상태에서 수 시간을 기다려야 할 때도 있답니다.

나 섬 그게 무슨 말씀이어요?

천 샘 하하 이거 말하다보니 얘기가 또 삼천포로 빠졌군요. 자, 나무

에 대한 이론은 이쯤 해두고 이제 실전으로 가볼까요? 나섬씨는 나무로 무엇이든 뚝딱뚝딱 조립을 해보신 경험이 있으신지요?

나 섬 네, 동네에서 주워온 사과박스 같은 것에 못을 박아 상자 정도는 만들어봤습니다.

천 샘 네, 그런 경험이 있으시다니 아주 잘됐습니다. 제가 지금부터 기초과제로 삼으려는 것이 바로 나섬씨가 만들어 본 사과박스와 비슷한 공간 박스입니다. 나섬씨는 테이블이 필요해서 테이블을 만드시려는데 아주 쉬운 공간 박스를 만들겠다고 하니 실망하시겠지만, 이 공간 박스 속에 가구의 거의 모든 개념이 다 들어있습니다. 이 개념만 정확하게 이해하시면 장담컨데 앞으로는 실수 없이 DIY 가구를 만드실 수 있을 것입니다. 한마디로 아주 기초적이면서도 본질적인 가구라고 할 수 있는 거죠.

나 섬 네! 이제부터 시작이군요!

천 샘 일단 나섬씨는 전동드라이버를 사용해 보신 적이 있나요?

나 섬 아, 네! 친구 것을 빌려서 한두 번 사용해본 경험이 있습니다.

천 샘 그러면 일단 나섬씨의 경험을 토대로 "ㄱ"자로 나사못을 사용해 결합해 보시죠. 문제점이 생기면 바로 수정해드리겠습니다.

나 섬 알겠습니다. 그런데 혹시 목장갑 같은 것은 없나요?

천 샘 나섬씨, 전동공구를 사용할 때는 절대로 장갑을 끼지 않는 게 좋습니다. 장갑을 끼면 살아있는 손의 감각이 두터운 장갑에 씌워져 사라지지 않을까요. 그리고 대부분의 전동 공구에는 모터를 사용하는데 여기에 장갑이 말려들면 위험 할 수 있으니까요. 예시가 맞는지 모르겠지만, 긴 머리의 여성이라면 머리를 꼭 정리하고 전동 기구를 사용해야하는 것과 같은 이치죠.

나 섬 아. 그래요? 장갑을 끼면 안전할 것 같았는데……. 전혀 그게 아니군요. 그럼 별거 아닌 것 같은데 한번 해보겠습니다.

드드~~득!!!

나 섬 아~~ 이게 왜 이러지? 생각보다 컨트롤하기가 어렵네요.

천 샘 어디 볼까요?

천 샘 이 경우는 드라이버 비트와 나사못머리의 홈이 직각으로 힘을 받지 못해서 전동드라이버의 힘에 나사못머리가 견디지 못해 뭉그러져 버린 경우입니다. 즉, 드라이버 비트와 나사못홈이 항상 직각으로 일치해야 이런 경우가 생기지 않습니다.

천 샘 전동드라이버는 직각으로 해야 나사못머리의 마모도 줄어들고 쉽게 들어가요. 한 번 해보세요.

나사못이 뭉게진 경우
힘을 너무 주어서
나무가 쪼개진 경우
뜨어…
드드드드…

POINT

전동드라이버를 사용하는 자세

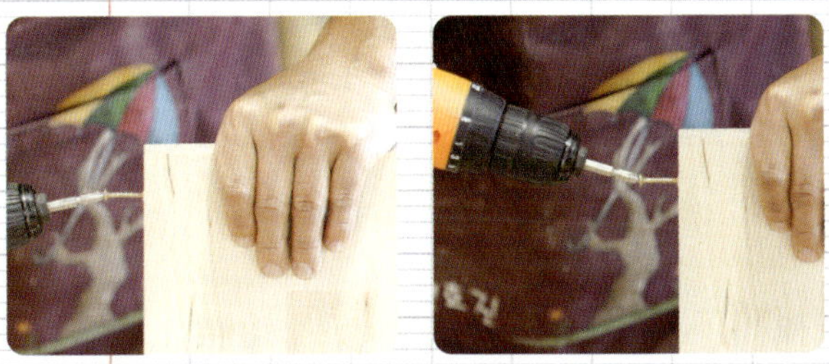

잘못 사용하는 경우

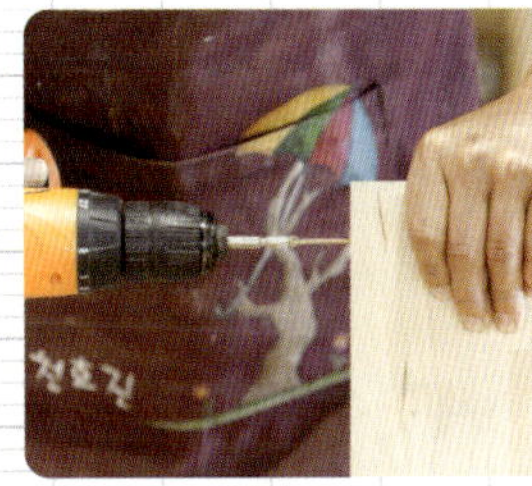

바른 자세

나 섬　알겠습니다. 다시 해보죠!

쩌~~ㄱ!!!

나 섬　우잉! 이건 또 왜 이러죠?

천 샘　왜 이런 일이 생겼을까요? 이유는 나사못이 들어갈 길을 미리 내 주지 못해서 일어나는 현상입니다. 나사못은 돌아 들어가면서 자신이 들어갈 공간을 벌리게 됩니다. 그래서 특히 좁은 면에는 이렇게 쪼개지게 마련이죠. 해결책은 프리홀Prehole*이라고 미리 나사못이 들어갈 공간을 마련해 주는 것이죠.

나 섬　아하! 그러니까 이 '프리홀'이 중요한 점이군요.

천 샘　네, 금방 이해하시네요. 이 프리홀을 뚫을 때는 드릴 비트를 쓰는데 일반적으로 드릴비트는 크게 3가지 종류*로 나눌 수 있습니다. 이중에서 보통 우리가 볼 수 있는 철판 비트는 날 앞부분이 동그랗게 되어 있어서 뚫으려는 위치에 나뭇결 등이 방해를 하게 되면 원하는

*프리홀 나사못 직경보다 약 1mm정도 작은 직경의 드릴 비트로 뚫으면 만들어진다. 프리홀을 통해 나사못이 박히면 견고할 뿐 아니라, 나무가 쪼개지는 현상도 막을 수 있다.

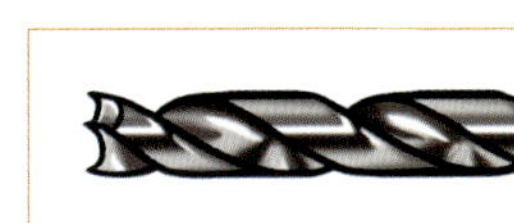

목공용

철판용

콘크리트용

*드라이버날 비교 뚫고 들어가는 비트의 앞모양이 다르다

POINT

선가공으로 나사못 길을 만들어 주는 방법

◎ DVD-전동 드라이버편 참고

위치를 벗어나 엉뚱한 자리에 구멍이 뚫리는 경우가 종종 생기게 됩니다. 그 해결책으로 송곳, 펀치를 아래 그림처럼 꼭 사용하실 것을 부탁드리고 싶네요.

즉, 펀치나 송곳으로 프리홀에 또 다른 프리홀을 미리 마련한다고 보

송곳 사용

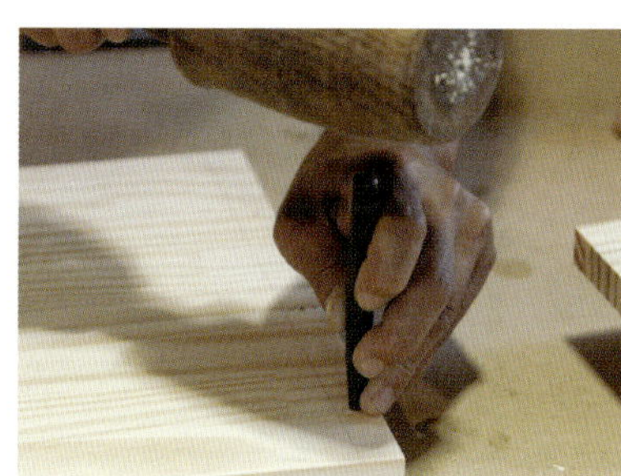

펀치 사용

시면 되겠습니다.

좀 귀찮은 과정이지만 반드시 지켜야 할 과정이기도 합니다. 이러한 과정으로 나사고정만 정확히 할 수 있다면 얼마든지 가구를 만들 수가 있답니다. 초보자가 흔히 범하는 생활 목공 DIY의 실수는 제 위치에 나사를 뚫어 넣지 못해서 생기는 경우가 대부분입니다.

또 한가지 주의할 점은 단단한 나무 즉, 하드우드Hardwood(참나무, 애쉬(물푸레나무), 자작나무, 하드메이플 등 일반적으로 활엽수)에 프리홀 없이 나사못을 무리하게 고정하면 나사못머리가 부러지는 경우가 종종 생긴다는 것입니다. 초보자에겐 위험한 일이기도 합니다.

이렇게 되면 아주 난감해지겠죠? 그래서 소프트한 나무든 하드한 나무든 프리홀을 반드시 먼저 뚫어줘야 하는 것입니다.

무리하게 나사못을 고정한 예

힘을 너무 주면 나사못이 부러진다

나 섬 그럼 만약 이렇게 나사못이 부러졌을 경우는 어떻게 해야 하나요? 나무를 다시 구입해야하나요?

천 샘 하하 아닙니다. 그럴 때는 줄을 이용해서 갈고 다른 위치에 나사못길(프리홀)을 내 나사못 작업을 하면 됩니다. 다시 나무를 구입할 필요는 없죠.

나 섬 그럼 처음같이 쪼개졌을 때는요? 이때는 어쩔 수 없이 다시 구입해야 하나요?

천 샘 아닙니다. 쪼개진 조각만 그대로 목공용 본드를 붙여서 고정시키면 다시 쓸 수가 있습니다. 현재 목공용 본드로 판매하는 JOwatt 본드는 독일 수입제품인데 다른 곳이 부러지거나 떨어져도 그 본드로 고정시킨 부분은 절대로 다시는 떨어지지 않습니다. 게다가 인체에 전혀 무해하고 방수도 된답니다. 이렇듯 요즘은 DIY를 하는 분들을 위한 좋은 제품을 찾기만 하면 얼마든지 구할 수 있습니다. 수입품이라 상대적으로 가격이 비싸지만 그만한 가치가 있다고 저는 봅니다.

POINT

쪼개진 나무 붙이는 방법

1. 쪼개진 상태에서 약간 벌려 그 사이에 본드를 밀어 넣는다.
2, 3. 완전히 조각이 떨어졌을 경우는 조각 부분에 본드를 충분히 바른다.
4, 5. 클램프로 고정한 후 밖으로 흘러나온 본드를 깨끗이 닦아 준다.
6. 충분한 시간을 줘서 기다린다. 이와 같은 과정을 거치면 원래의 나무와 같이 이용 할 수 있다.

나사못길이 헐거워 졌을 때 수정하는 법

헐거워진 사이즈를 확인하고, 작은 나무 조각을 잘라 본드를 살짝 발라 구멍에 끼운 뒤 잘라낸다. 그리고 다시 프리홀을 뚫고 나사못을 고정한다.

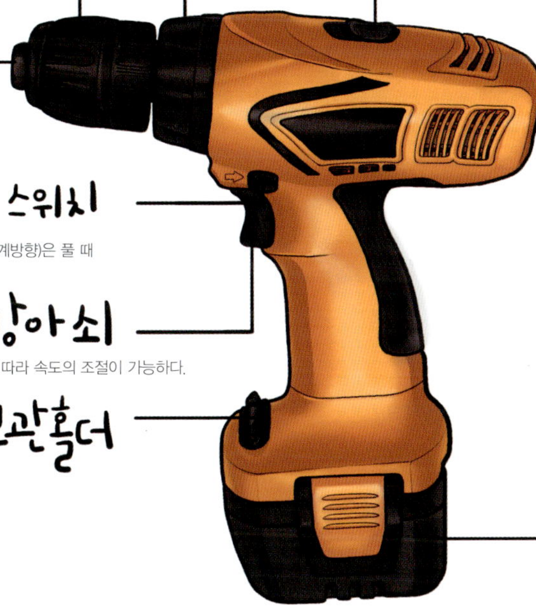

DVD-전동 드라이버편 참고

천호진의 Tip

전동드라이버

전동드라이버를 잘 사용하는 방법은 힘의 조절에 있다. 즉 전동드라이버의 방아쇠를 당기는 힘의 조절과 뚫어지는 방향으로 전동드라이버를 밀어 넣을 때의 힘의 조절이 중요하다. 이 두 가지가 정확한 자세와 이루어졌을 때 전동드라이버를 자유롭게 다룰 수 있다. 처음부터 너무 무겁다거나 힘들다고 생각하지 말고 자유롭게 힘을 조절 할 수 있을 때까지 많이 연습을 해보자.

그렇지만 다시 한 번 우리나라의 좁은 시장규모로 인해 이런 제품에 대한 개발이 빠르게 이루어지지 못하는 점이 아쉽습니다.

나 섬 아하! 전동 드라이버와 나사못이라고 해서 그냥 힘을 줘서 돌려 박으면 되는 줄 알았는데 그게 아니었군요.

천 샘 물론이죠. 나사(피스)나 전동 드라이버 등은 우리나라에서 개발한 고유의 공구가 아니고 외국에서 개발된 것이기 때문에 기본적으로 그네들 개발자의 사용 방법을 따라주는 것이 맞는다고 봅니다. 어떻습니까? 이제 좀 감이 잡히나요?

나 섬 네! 사용법을 알고 나니 이제 좀 감이 잡히는군요.

천 샘 다행이네요. 감이 상당히 빠르십니다! 하하~! 그럼 이제부터 본격적으로 공간박스를 만들어 볼까요?

나 섬 네…….

천 샘 대답에 힘이 좀 없으시네요. 자신이 없으신가요?

나 섬 아! 아닙니다.

천 샘 나섬씨의 마음은 충분히 이해합니다. 큰 가구를 만들고 싶었는데 공간 박스라 하니까 조금은 실망스럽죠?

나 섬 아……. 예! 사실은 조금 그렇습니다.

천 샘 이해는 됩니다만, 처음에 공간박스부터 만드는 것은 다 이유가 있으니 따라와 보세요.

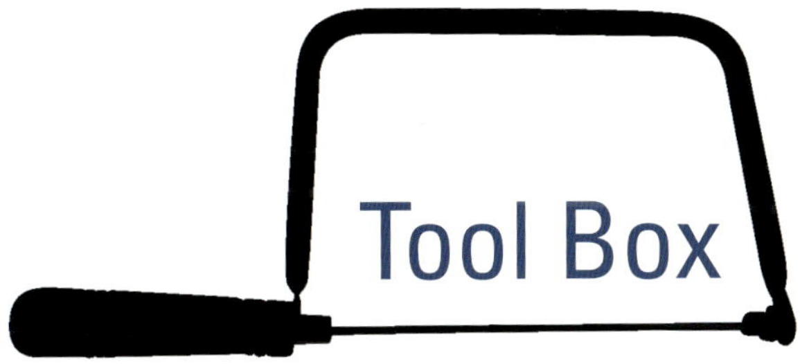

공구의 종류

공구를 어떻게 골라야 하느냐고 물으면 사실 대답이 막막하다. 전문적인 지식을 말하는 것은 의미가 없겠고, 실용적인 답변을 한다면 본인들이 생각한 가격보다 좀 비싼 것을 구매해야 한다. 단순하게 좋은 공구는 생각보다 훨씬 비싸기 때문이다. 물론 그런 제품들은 유명 메이커의 제품일 경우가 많다. 그런 까닭에 당연히 A/S가 잘된다. 정리하면 결국 공구란 정확하고, 편리해야하며, 내구성이 높은 제품을 구매해야 한다. 한마디 덧붙이면 중국 제품은 피하는 것이 좋다. 중국 제품들은 여타 제품에 비해서 정확성이 현격히 떨어진다.

필수공구

전동 드라이버(충전용)

일반 전기드릴

콘크리트비트

목공비트

철재비트

드라이버비트

이중드릴비트

이중드릴비트

송곳

수동펀치

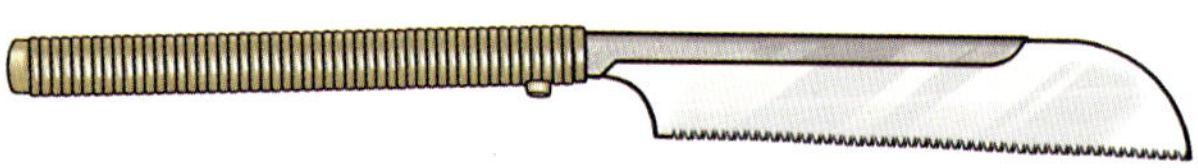

등대기톱(정밀절단 및 세공용)

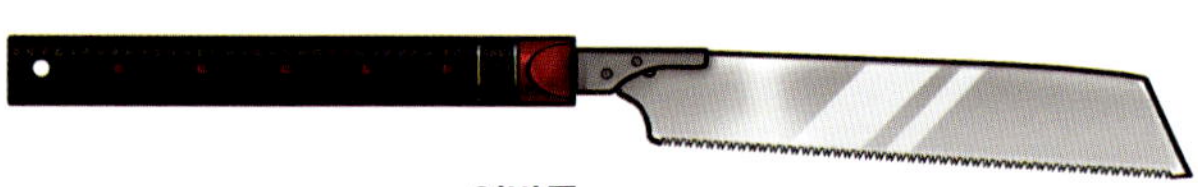

일반톱

플러그커터(목심 고정 후 나머지 부분 잘라낼 때)

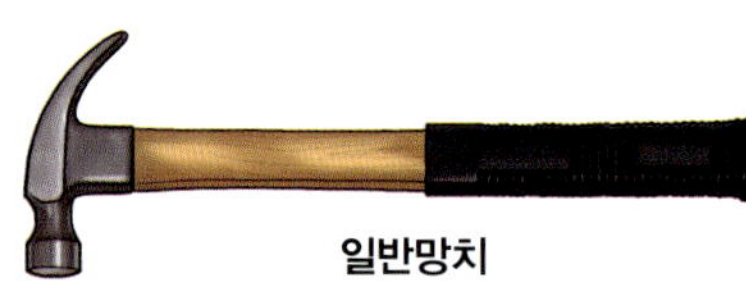

일반망치

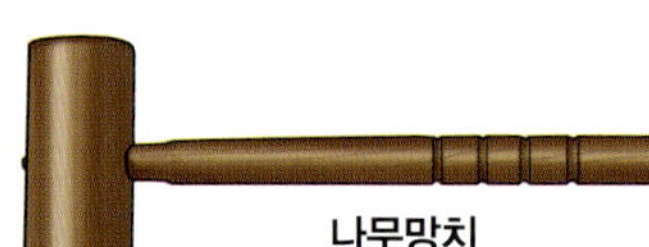

나무망치

고무망치

헤드세트(소음방지용)

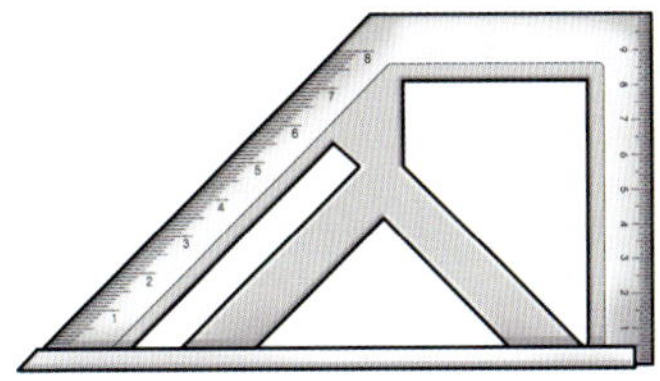

연귀직각자(45° 와 90° 를 그릴때 사용)

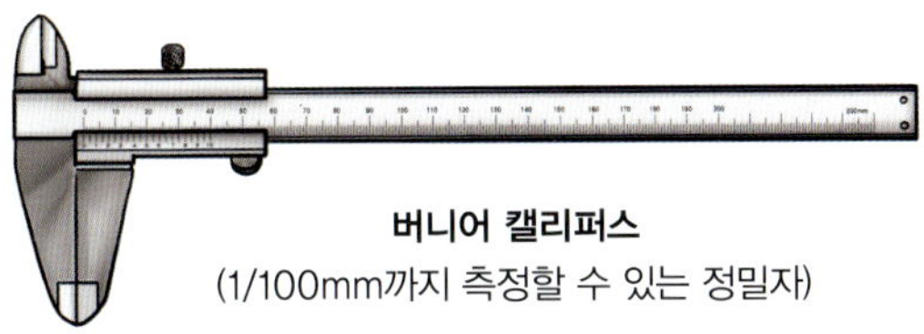

버니어 캘리퍼스
(1/100mm까지 측정할 수 있는 정밀자)

일반 철자

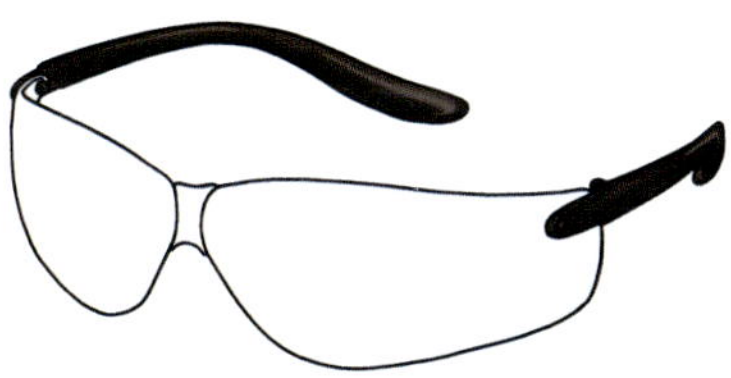

보안경

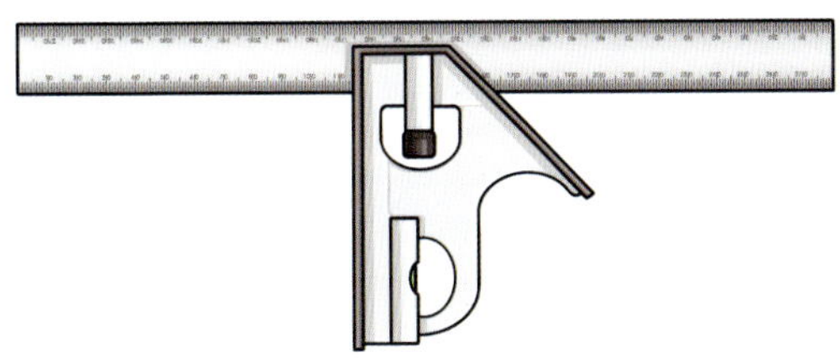

◎ DVD-사용법참고

직각자 (45° 와 90° 를 그릴 수 있는 필수공구)

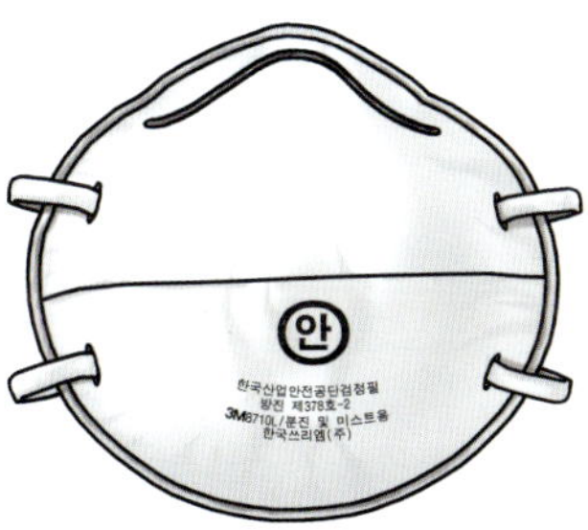

방진마스크
(샌딩할 때 유용)

줄자

일반 샤프

목공용 샤프
(심을 꺼내서 날카롭게 만들수 있다)

부가공구

임팩트 드릴
(일반적으로 콘크리트에
구멍을 뚫을 때 사용)

직소(직선, 자유곡선 등을 재단할 수 있다)

홀쏘Hole saw
(지름별로 드라이버에 물려서 구멍을 뚫는 공구)

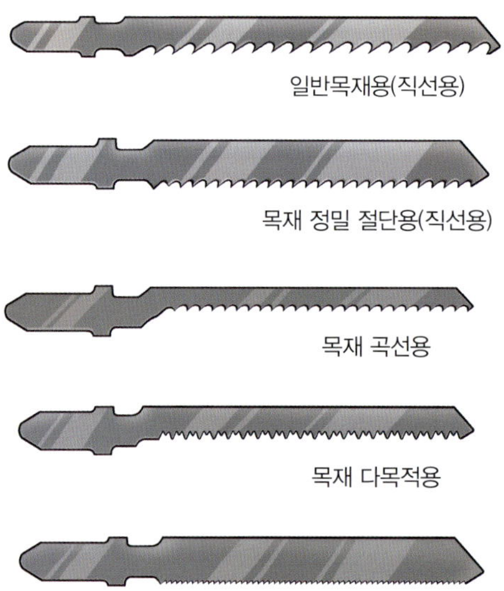

직소날

일반목재용(직선용)

목재 정밀 절단용(직선용)

목재 곡선용

목재 다목적용

비철금속 구리, 알미늄 등에 사용

주먹 드라이버
(말그대로 한 손에 쏙들어오는 사이즈로
좁은 공간에 나사못을 고정할 때 쓴다.)

클램프

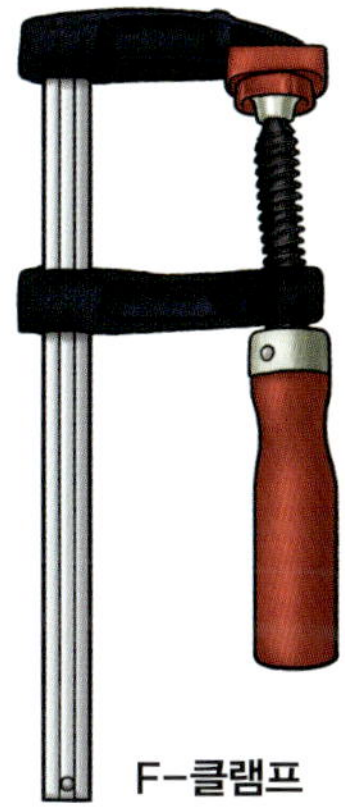
F-클램프

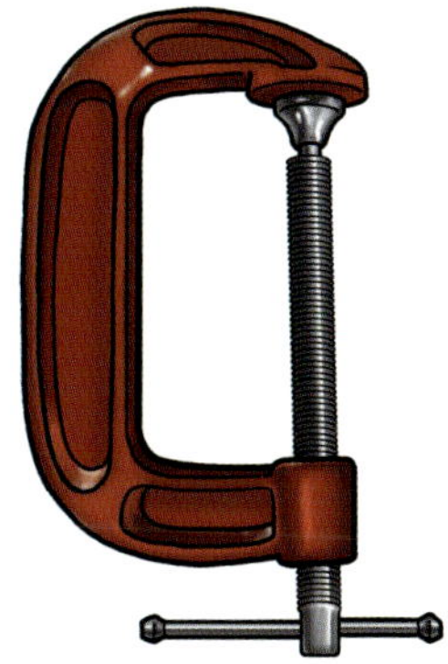
C-클램프

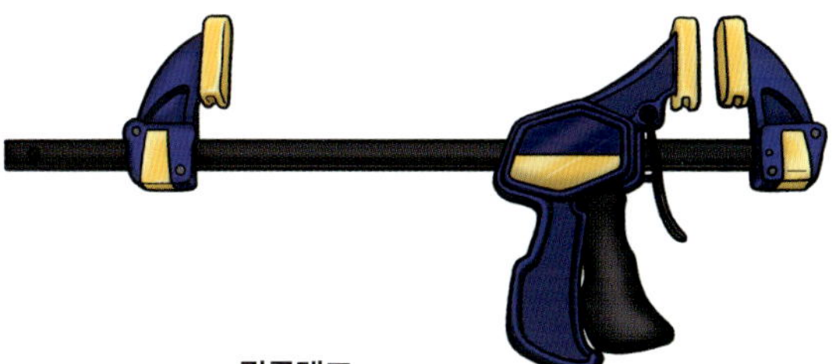
퀵클램프

전동샌더기

샌드페이퍼 홀더

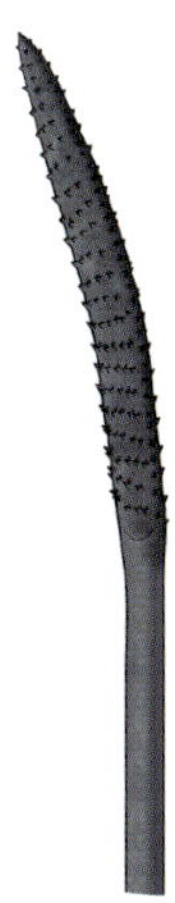
목공용 줄

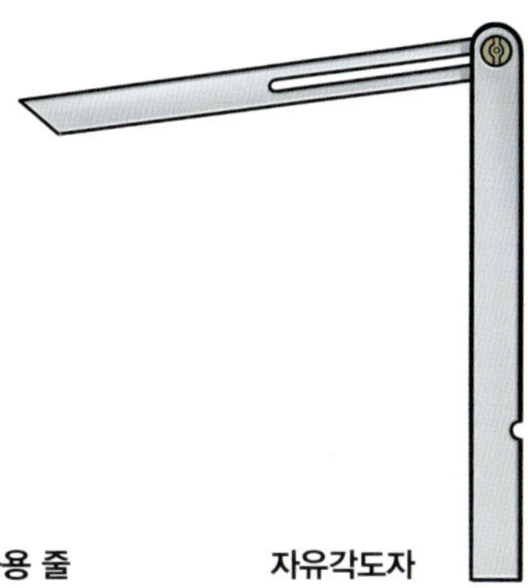
자유각도자

흠…
나의 신상공구들을
어디다
모셔둘까…
~ 므흣
따끈 따끈한
택배
셔럽!
선생님…
전에 사신지 얼마나
됐다고 또
사셨어요?!

Chapter 2

실전! 공간박스로 생활 목공 DIY 맛보기

구글 스케치업 프로 같은 3D프로그램을 이용하면 제품을 보다 쉽게 이해 할 수 있다.

1

공간박스 만들고 이해하기

나 섬 공간박스를 배우면 정말 뭐든지 다 잘하게 되는 건가요? 좀 말이 안 되는 것 같은데요?

천 샘 왜 처음에 공간박스부터 만드는지는 차차 하시면서 알게 될 겁니다. 공간박스의 개념을 이해하시면 모든 가구의 기초를 이해하실 거라고 자신합니다. 제가 말씀드렸지 않습니까. 이 공간박스가 바로 DIY의 기초이면서 응용의 중요한 도구니까요. 대신 이번은 처음 하는 것이니까. 천천히 하나하나 설명을 해드리겠습니다. 나중에는 이렇게 자세히 말씀을 못 드립니다. 그러니까. 이 과정들을 머릿속에 가지고 계셔야 합니다.

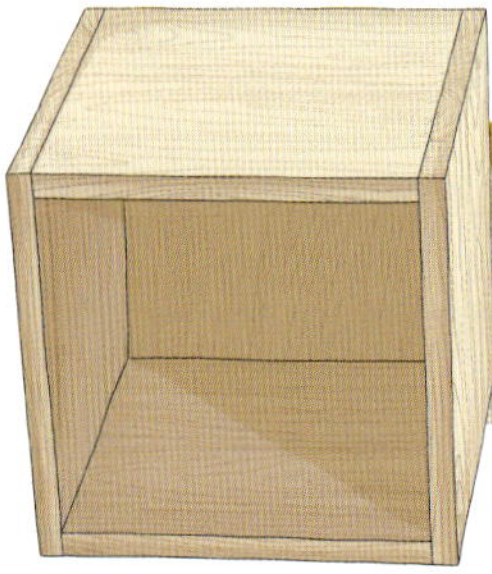

공간박스 만들기

도면

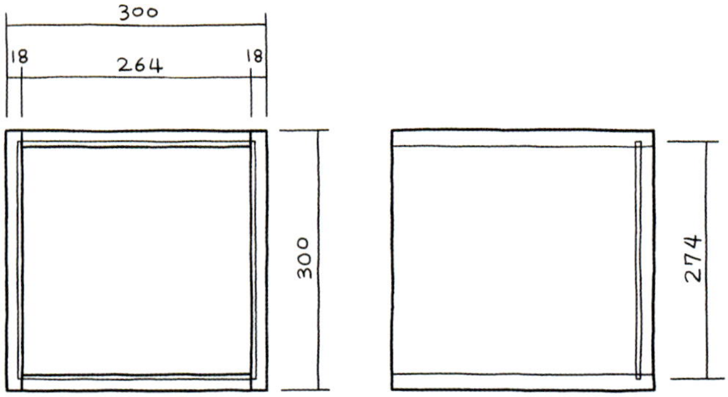

부품목록

부품명	크기(mm)	수량	자재명
측판	300X300X8	2	시더18T
천판, 지판	264X300X18	2	시더18T
뒷판	272X272X4.8	1	미송합판 4.8T
목공용 본드		1	
조립 나사못	50	8	

1

재료를 확인한다.

2

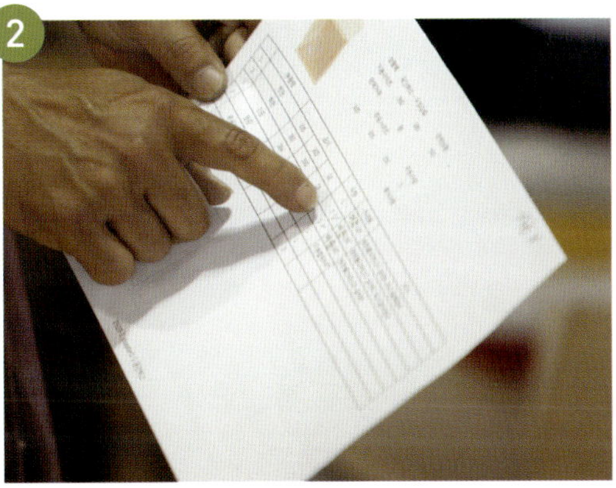

목록을 확인한다.

3

목록에 있는 각 부품의 치수를 확인한다.

4

각 부품에 연필로 부품의 이름을 쓴다

5

가조립 상태에서 다시 한 번 치수를 확인한다.

6

나사못 고정 자리를 정하기 위해서 바깥쪽에 부재를 대고 선을 긋는다

7

나사못 고정할 자리를 연필로 표시한다

8

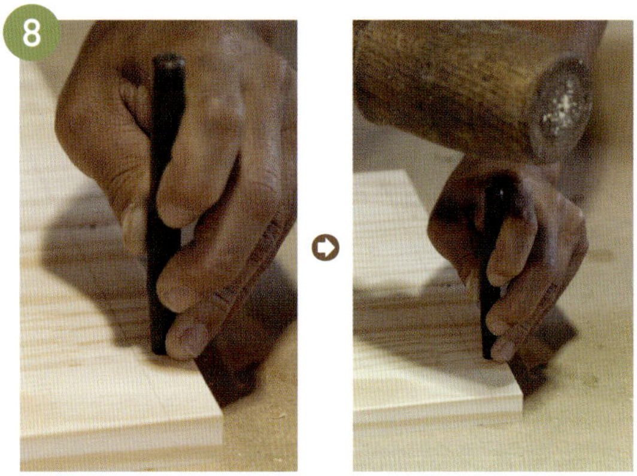

나사못을 고정하기 위해서 프리홀 자리를 송곳이나 펀치로 마킹한다

9

측판과 상판을 세워서 마주잡는다. 여기서 세워서 마주잡는 방법이 중요하다

10

마킹한 자리에 이중드릴 비트로 프리홀을 뚫는다

11

반대쪽에도 구멍이 뚫릴 정도의 깊이로 뚫는다. 깊이 뚫는다고 해서 무조건 깊이 뚫지 말고 이중비트속의 드릴비트의 길이를 길게 하면 된다.

12

먼저 바깥쪽에 나사못이 보일 정도로 박는다.

13

반대쪽의 뚫린 구멍에 나사못을 댄다.

14

전동드릴로 나사못을 고정한다.

15

먼저 기준이 되는 한 자리가 고정이 되었다.

16

다른 자리에도 펀치, 프리홀 순으로 나사못을 고정한다. 테이프를 감으면 원하는 깊이로 구멍을 뚫을 수 있다

17

다른 측판도 동일한 방법으로 고정한다.

프리홀을 뚫은 후에 세운 상태에서 지판의 첫 자리를 잡고 나사 못을 고정한다.

18

19

프리홀을 뚫은 후에 세운 상태에서 지판의 첫 자리를 잡고 나사 못을 고정한다.

지판을 고정하기위해 올려놓은 상태.

20

모든 나사못을 조립 후에 완성.

천 샘 드디어 완성이 되었네요. 잘된 것 같군요. 나섬씨가 보기에 어떠십니까?

나 섬 네 뿌듯하네요. 그런데 나사못 구멍이 좀 거슬리는데요.

천 샘 그렇죠? 그럼 그 구멍을 감쪽같이 메워 볼까요?

나 섬 오 그런 것도 가능한가요?

천 샘 하하, 자 보세요. 사실 프리홀을 뚫을 때는 이중 드릴 비트를 쓰지 않고, 그냥 드릴 비트로 나사못길만 내어 주어도 됩니다. 그러나 지금과 같은 의문이 생길 것을 대비해서 미리 이중 드릴 비트의 사용법을 설명 드리고 사용한 것입니다. 일단 나사못 자리를 메우기 위해서는 목심*이라는 준비물이 필요합니다.

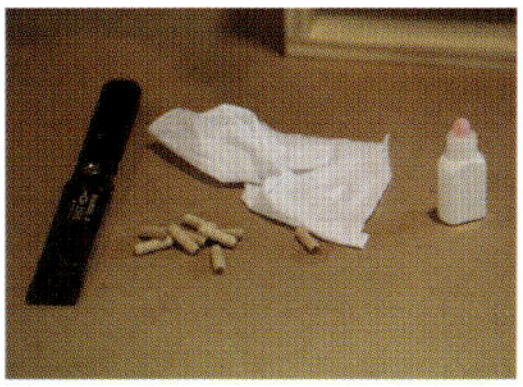

목심

* 목심 사용법

• 목심의 사이즈: 지름 6,8,10길이 30 ~ 90까지 다양

목심을 사용하기 위해서는 일반적으로는 이중비트를 사용하면 편하게 사용할 수 있고, 불편을 감수하고 이중비트가 없다면 목심의 지름에 맞는 큰 비트와 3mm 기본비트를 함께 사용해서 두 번 뚫어주면 된다.

천호진의 Tip

이중드릴비트 사용법

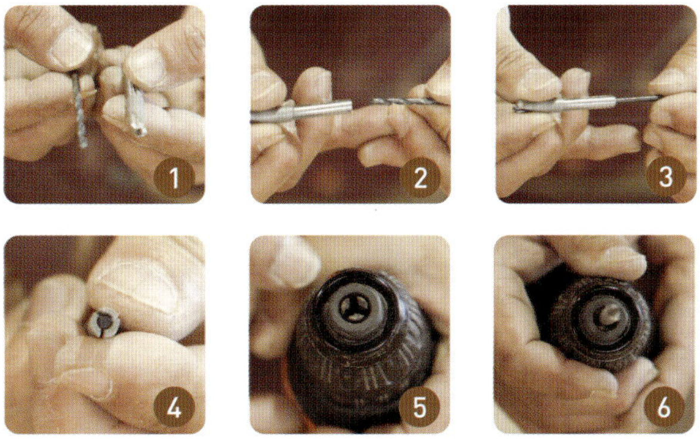

이중비트 결합법

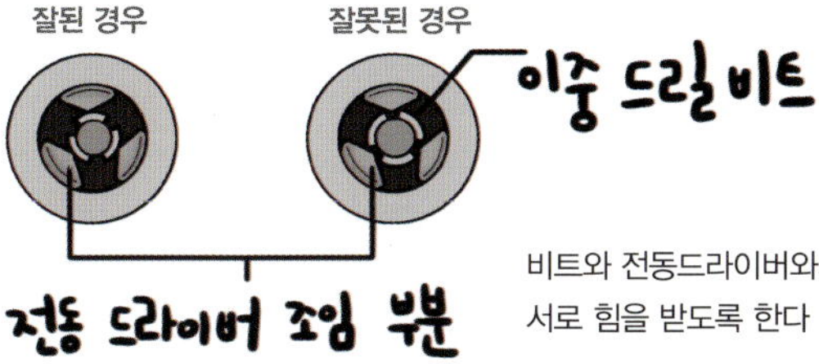

비트와 전동드라이버와의 접합 부위를 잘 보고 서로 힘을 받도록 한다

21 목심이 들어갈 깊이결정. 나무의 두께에 따라 다르다

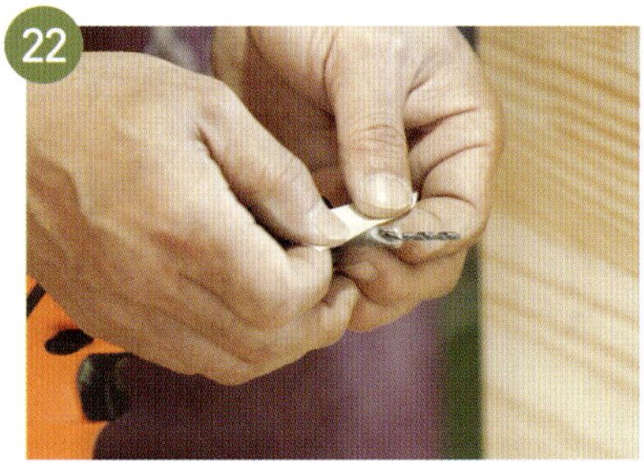

22 이중드릴 비트에 테이프를 감는다

23 테이프가 감긴 곳까지만 뚫는다

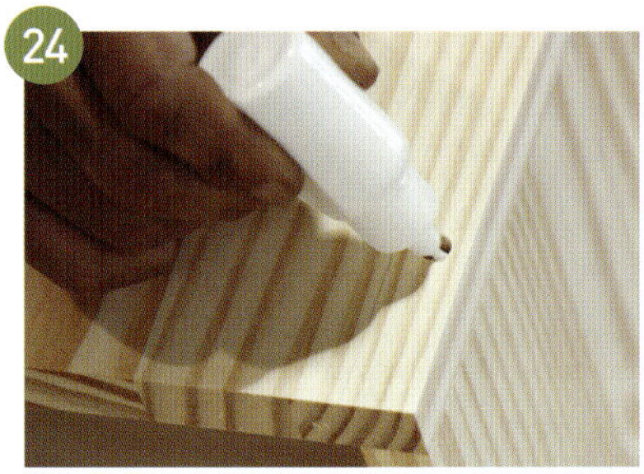

24 뚫은 자리에 본드를 넣는다

25 목심을 박는다

만약 목심의 깊이가 조금 덜 파였을 경우 목심의 사다리꼴 부분을 톱으로 잘라내고 사용한다.

일반 톱을 쓰지 않고 플러그 커터를 쓰는 이유.

일반 톱을 썼을 경우 톱날의 어긋남 때문에 부재에 상처가 생긴다. 플러그 커터는 톱날의 어긋남이 없다.

서양 톱과 동양 톱의 차이점

서양 톱은 밀 때 잘리고 동양 톱은 당길 때 잘린다

만약 플러그 커터가 없을 때는 일반 톱으로 종이를 대고 자른다.

26 플러그 커터로 남은 목심을 자른다

27

잘린 면이 깨끗하다. 잘라낸 뒤에 물을 한 방울 정도 떨어뜨리면 목심이 불어서 더욱 꽉 끼게 된다.

천 샘 자! 목심을 사용해서 만들어보니 어떤가요? 직접 조립을 해보니 기분이 다르죠? 이제 진짜 DIY를 해보신 것 같은 느낌이 들지 않습니까?

나 섬 공간박스를 만들고 나니, 그동안 너무 어렵게만 생각했던 부분들이 훨씬 쉽게 다가옵니다!

천호진의 Tip

클램프가 있을 때의 조립방법

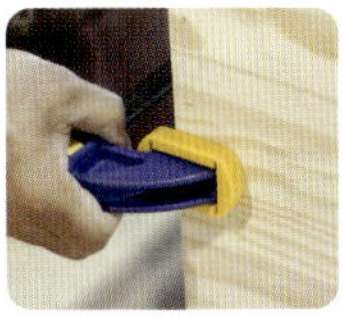

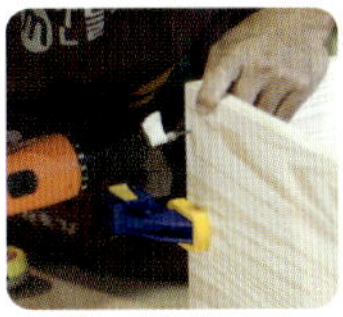

클램프로 고정하면 양손을 모두 사용할 수 있는 장점이 있다.

DVD 참고

2

공간 박스의 개념 이해하기

올바른 사이즈의 공간 박스 만들기

나섬씨가 만든 공간 박스는 전체사이즈가 가로×세로×높이(가구가 3차원의 공간이므로 높이나 깊이의 개념이 반드시 있어야 함)가 300mm×300mm×300mm이 되는 공간 박스다. 그런데 도면을 잘 보시면 재단 목록에서 나무의 사이즈가 전부 제각각 임을 알 수 있다. 그 이유는 무엇일까? 바로 나무의 두께 때문이다. 우리가 정한 300mm×300mm×300mm이라는 사이즈는 외경 사이즈인 것이다. 그래서 나무의 두께를 빼고 재료 목록을 만들어야 한다는 결론이 나온 것이다. 그림을 보면서 이해해 보자. (가로는 긴 방향이고 세로는 짧은 방향이다.)

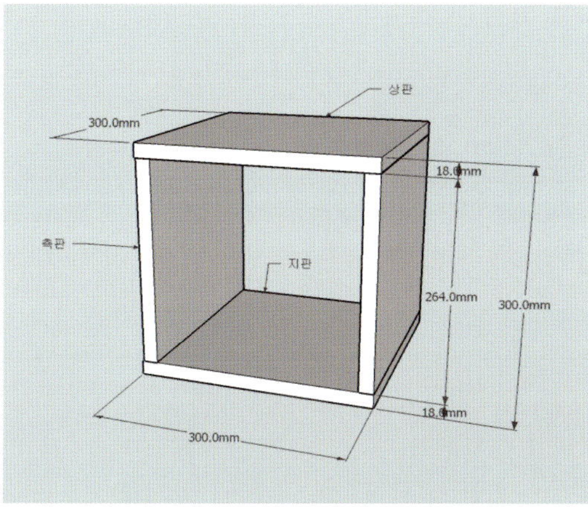

〈그림 1〉 공간박스 사이즈가 맞는 경우

부품명	크기(mm)	수량	자재명
천판, 지판	300X300X18	2	시더18T
측판	300X264X18	2	시더18T

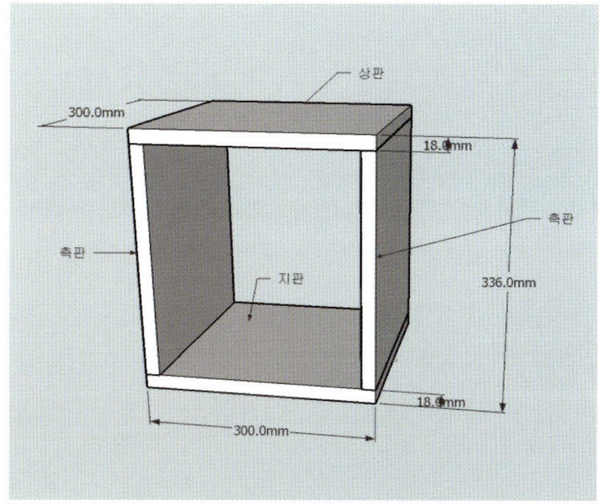

〈그림 2〉 공간박스 사이즈가 틀린 경우

부품명	크기(mm)	수량	자재명
측판	300X300X18	2	시더18T
천판, 지판	300X300X18	2	시더18T

〈그림 2〉의 경우는 나무의 두께를 계산하지 않고 모든 목록을 300mm×300mm×300mm으로 준비했을 때 높이가 336mm가 되는 경우다. 그 이유는 전체 길이에서 아래 위로의 나무두께 18mm를 제하지 않았기 때문이다. 즉, 이런 경우 측판의 길이는 18mm+18mm=36mm를 뺀 264mm가 되어야 한다. 이는 측판이 곧 300mm×264mm가 되어야 한다는 뜻이다.

구조에 따라 재단 목록이 달라져야 하는 경우

구조에 따라 재단 목록이 달라져야 하는 경우를 설명하면 다음과 같다.

case 1

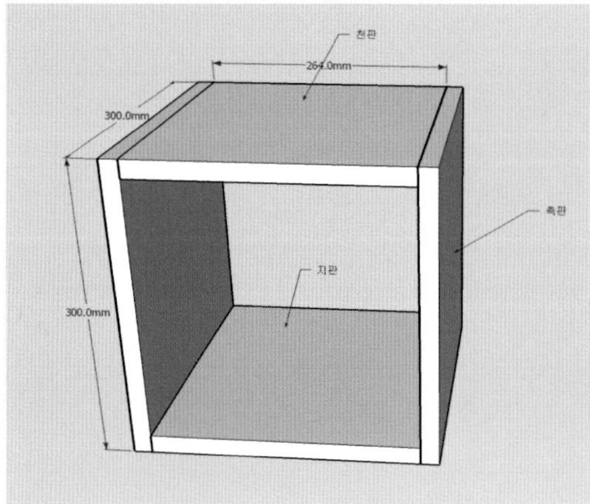

부품명	크기(mm)	수량	자재명
측판	300X300X18	2	시더18T
천판, 지판	300X264X18	2	시더18T

이처럼 상판이 300mm×264mm가 되어야 외경이 300mm가 된다. 이러한 개념만 정확히 알고 있으면 절단을 의뢰할 때 실수가 없다. 다른 경우를 보자.

case 2

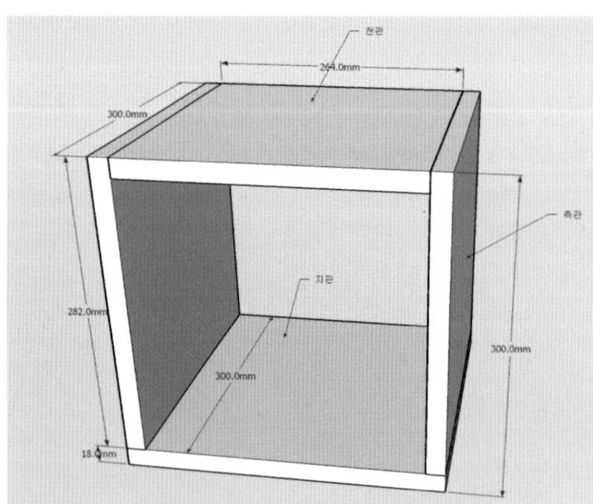

부품명	크기(mm)	수량	자재명
지판	300X300X18	1	시더18T
천판	300X264X18	1	시더18T
측판	300X282X18	1	시더18T

case 3

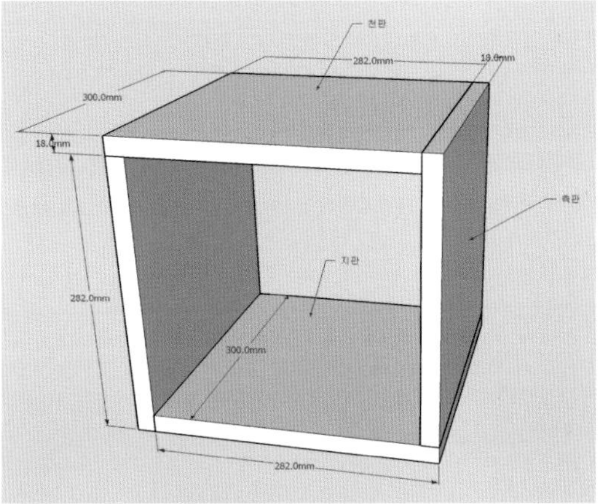

부품명	크기(mm)	수량	자재명
지판	300X282X18	1	시더18T
천판	300X282X18	1	시더18T
측판	300X282X18	2	시더18T

결국 DIY는 정확한 사이즈를 맞추기 위해서는 디자인에 따라 재단 목록이 달라진다는 점을 꼭 기억해야 한다.

그럼 박스의 상판에 하중을 받는 구조라면 공간박스는 어떤 모양이 되어야 할까? 그렇다. 첫 번째는 힘을 견딜 수 있는 구조가 되어야 한다. 그리고 그런 경우 상당한 주의를 요한다. 특별히 힘을 받지 않는 구조라면 어떤 디자인이든 상관없겠지만 사람이 올라선다든지 앉을 수도 있다면, 첫 번째 구조가 제일 좋다고 볼 수 있다. 그렇다면 나무의 결은 어떻게 생각해 봐야 할까?

A 공간박스 상판결 맞는 것

B 공간박스 상판결 틀린 것

그림 (A)와 (B)의 차이점이 보일 것이다. A의 경우는 그림과 같이 휨에 강하고 B의 경우는 휨에 약하다.

아주 간단한 공간 박스에도 많은 의미를 부여하고 개념을 잡을 수 있는 내용이 많다. 그래서 바로 이 공간박스를 DIY의 시작이라고 강조했던 것이다. 앞으로 만드는 생활 목공 DIY 결과물도 모두 이러한 개념을 염두 해두고 만들어 보려고 노력하는 것이 매우 중요하다. 처음에는 어색하지만 어느 순간 머릿속에 자연스럽게 이러한 개념의 흐름도가 흘러 갈 것이다.

3

나무를 이해하자

첫 결과물을 만들어 보고

아마도 공간박스를 만들고 나서 만감이 교차할 것이다. 생각보다 별거 아니라는 생각이 들 수도 있고, 혹은 만든 결과물이 너무 우리가 흔히 보아왔던 것이라 실망할 수도 있을 것이다. 하지만 누가 뭐라도 이건 시작에 불과하니 너무 자만하거나 실망하는 것은 금물이다. 딱 한가지 조언을 덧붙이라고 한다면 시간이 많이 필요하다는 것이다. 그리고 시간을 필요로 한다는 것은 마음에 여유가 필요하다는 말과 같다. 개인적으로 나 같은 경우 자유직이고 촬영이 없는 경우 충분한 시간을 가지고 작업을 할 수 있다는 장점이 있다. 직장인이라면 주말에 본인이 만들고 싶은 제품을 만들어야 할 것인데 대체적으로 목공이라는 것이 주말동안 단시간에 완성도 있게 만들어지는 제품은 거의 없다. 너무 조급해하지 말고, 시간을 갖고 천천히, '느림의 미학' 을 즐기라는 것이 나의 조언의 핵심이다.

생활 목공 DIY에 도전하는 사람은 나무 제품을 좋아하는 사람이 대부분이다. 만약 철제나 대리석으로 된 책상을 좋아하는 사람이라면 굳이 나무로 책상을 만들 필요가 없다. 내 경우도 나무를 좋아하다 보니 결국 이렇게 된 셈이다. 나무와 교감하고 싶었던 것이다. 그래서 나무에 대해서 알고 싶었고 처음에는 나무의 개념부터 접근을 했다. 하지만 약 10여 년 전에 나무를 알고자 했지만 정보는 턱없이 부족했다. 그래서 인터넷을 뒤지기 시작했고 몇몇 외국 사이트를 통해서 조금씩 갈증을 채워나갔다. 그리고 인터넷을 통해 다양한 책자가 출간된다는 사실을 알고 그 책자들을 수입해서 사전을 옆에 놓고 밤새워 공부를 하기 시작했다. 물론 쉽지가 않았다. 책에 나온 그대로 했지만 결과물이 제대로 만들어지지 않는 경우가 허다했다. 그 어떤 '만들기'도 '매뉴얼'대로 되는 법은 없다는 것을 상기할 필요가 있다. 하지만 계속 도전해서 결국 책대로 완성됐을 때의 쾌감을 지금도 잊을 수가 없다. 지금도 여전히 나는 인터넷 목공 선생님(?)을 통해 계속 공부를 하고 있는 셈이다.

목공기술의 발달은 촬영기술의 발달과 다름 아니다. 최근 필름 카메라 대신 나온 디지털 카메라의 경우도 그러하다. 수많은 촬영감독들이 필름 카메라보다 경비 절감이 확실한 디지털 카메라에 대한 공부를 인터넷으로 '실시간 공부'를 하고 있다고 들었다. 생활 목공 DIY도 마찬가지. 새로운 무언가가 나오면 끊임없이 실시간 인터넷 공부를 해야 한다. 그 어떤 공부도 마찬가지라고 생각한다. 이것은 하나의 수행이자, 개인적인 즐거운 공부가 될 수 있다.

그렇게 혼자서 DIY목공을 공부할 수 있었던 것은 앞서 잠시 말했지만 독학으로 시작했던 인터넷 때문이었다. 조립PC를 들고 밤새 씨름했고 각 부품이 왜 각기 다른 이름을 가지고, 메인보드의 각각의 자리에 꽂히는지, 그리고 어떤 역할을 하는지 파악하면서 개념을 익혔던 것은 후에 생활 목공 DIY를 할 때 그대로 적용됐다.

모르는 것이 있으면 어떤 식으로든 묻고 개념을 알 때까지 도전하는 것! 그것이 중요하다. 용기를 가지시길 바란다! 처음 아무리 컴퓨터를 만져도 이해할 수 없는 것들 때문에 동네에 자그마한 컴퓨터 A/S센터에서 아침부터 저녁까지 직원을 귀찮게 하면서 배우고 컴퓨터라는 것을 제대로 이해하기 위해서 몇 달을 애썼다. 그리고 틈만 나면 용산에 가서 새로운 신제품들을 구경하고 견문을 넓혔다. 그러면서 혼자서 제법 능숙하게 조립을 할 수 있었다. 두 아이들을 키우면서 20대 가량의 컴퓨터를 혼자 조립하고 업그레이드 시켰고 컴퓨터간의 통신에 익숙해져 집 안의 컴퓨터들을 무선 랜으로 엮어서 사용하기 시작했다. 그런 경험들이 쌓여서 지금 회사의 네트워크까지도 혼자서 꾸밀 수 있게 되었던 것이다. 지금은 단숨에 이렇게 쉽게 말하지만 그러한 세월이 걸리는 데는 대략 15년 이상의 세월이 걸렸다. 결국 시간을 많이 투자하면서 나름대로 익숙해진 것이다. 한 단계 한 단계 업그레이드 될 때마다의 쾌감을 즐길 줄 아는 여유가 필요한 것이다. 그래서 나는 이것을 '수행'이라 표현한 것이다. 카메라 앞에 선 초짜 배우가 어찌 처음부터 연기를 잘할 수 있겠는가. 이런 저런 역할들을 맡아 경험을 쌓고 자기 자신만의 노하우를 만들어 내고, 감독과 소통할 수 있는 내공을 키우는 그 '기다림'과 '여유'가 결국 수행을 거듭한 내공이 되지 않을까?

나섬씨의 문제도 결국 생활 목공 DIY의 개념을 전혀 이해하지 못한 채 완성품을 만들어 보고 싶다는 '조급증' 때문에 더 이상 한 발짝

이상 못나간 경우라고 할 수 있다. 물론 완성품을 재단해서 제품을 만드는 경우 손재주가 조금만이라도 있으면 조립하는데 지장이 없도록 준비를 해서 제품을 보내주기 때문에 무난하게 제품을 만들 수 있을 것이다. 그래서 요즘은 목재 가공도 중요한 서비스로 발전하고 있다. 가끔 사업을 하다보면 좀 더 생활 목공 DIY의 '손맛'을 느끼고 싶어서 그러한 가공 없이 나무만 재단해 달라고 하는 경우도 종종 있다. 결국 자신이 가공을 하면서 더 깊은 재미를 맛보고 싶어 하는 것이다. 어떤 방식이건 내가 구상한대로 조립을 해서 나만의 가구를 갖는다는 뿌듯함은 똑같은 것이다. 단, 재단을 의뢰해서 조립만하는 경우라도 개념을 이해하고 한다면 누가 뭐라 하겠는가? 다만 직접 가공을 해서 만드는 경우가 좀 더 자신만의 가구를 만드는 행위의 본질에 가깝다고 볼 수 있기 때문에 즐거움은 더 커질 것이다. 하지만 모든 사람들에게 꼭 가공의 맛을 느끼라고 말하기는 힘들 것이다. 요즘 사람들이 어디 그렇게 여유가 있는가? 대부분 매일매일 일상에 지치다가 주말에나 나무를 만지작거리는 사람이 대부분이기 때문에 자신의 여가 시간을 고려해서 작업을 하는 것이 중요할 것 같다. 그것이 생활 목공 DIY의 참맛이라고 할 수 있을 것 같다.

우리나라는 예로부터 유교사상의 영향으로 기술을 가진 사람들을 천시하는 경향이 있었다. 땀 흘리고 직접 손으로 무엇을 만드는 행위는 아랫사람들이나 할 일이지 양반의 격에 맞지는 않는다고 생각했던 것이다. 하지만 이것은 정말 잘못된 생각이다.

그렇게 장인에 대한 대우가 좋지 않다 보니 누구도 그러한 일을 하려고 들지 않는 것 같다. 그런 이유로 우리가 쓰고 있는 작업 도구 하나 제대로 된 것은 국산을 거의 찾아 볼 수 없는 지경이 되었다. 특히 수구(톱, 대패, 끌 등)를 만드는 장인의 기술은 세계 최고의 수준인데 반해, 그러한 분야의 장인에 대한 대우의 미약함 때문에 이제는 한국에는 그런 기술을 가진 분이 한분도 없다고 해도 과언이 아니다. 이것은 너무나 안타까운 현실이다. 오히려 우리보다 선진국이라는 나라들에서는 그러한 장인들이 더욱 존경받고 대우를 받고 있다. 지금이라도 그러한 분들을 발굴하고 지원해서, 그들 자신들이 자부심을 가지고 행복한 생활을 영위할 수 있었으면 싶고, 그러한 기술의 혜택을 우리 같이 직접 생활가구를 만드는 사람들도 누릴 수 있으면 더 바랄 것이 없겠다. 앞으로 생활 목공 DIY와 같이 나무를 만지는 사람들의 수요가 많아진다면 그에 따른 공급이 필요할 것이고 그렇게 된다면 이런 부분에 대한 인식도 많은 부분 바뀔 것이라고 믿는다. 다행스러운 일은 최근 들어 생활 목공 DIY의 저변이 꾸준히 넓어져 가고 있다. 희망이 보이기 시작한다는 것이다.

생활 목공 DIY는 무엇인가?

생활 목공 DIY는 상당히 열려 있는, 그러니까 포괄적인 뜻을 가지고 있다고 볼 수 있다. 그리고 시간과 함께 그 의미도 많이 달라지고 있는 것 같다. 내가 뭐 언어에 대한 남다른 재주가 있는 것도 아니지만 실제로 생활 목공 DIY라는 것을 하고 있으니 내 나름의 사유와 판단을 정리하면 다음과 같다.

즉, 흔히 말하는 목공 DIY는 '생활 목공(生活木工) DIY'라고 명확하게 규정할 수 있다. 이는 말 그대로 누가 보아주지 않아도 나만의 만족을 위해서, 혹은 나만의 필요에 의해서 생활에 필요한 가구를 만드는 것이다. 즉 목공예가 아니라는 말이다. 목공예라는 것은 평생을 업으로 나무와 함께 생사고락을 같이 하면서 장인들이 예술작품을 만들어 내는 것을 말하는 것이고 우리가 하고자 하는 것은 목공은 목공이지만 생활 목공이라고 할 수 있는 것이다. 우리 주변에서 흔히 쓰는 물건 중에서 특히 자신이 만들고 싶어 하는 가구를 직접 만들면서 행복을 느낄 수 있는 작업을 말하는 것이다.

이러한 DIY목공을 하기 위해서는 앞서 말한 것처럼 개념과 원리를 정확히 알면 누구나 할 수 있다. 그 다음으로 필요한 것은 노력과 경험의 문제다. 일반적으로 판매를 목적으로 하지 않기 때문에 스스로를 위해 서두르지 말고 천천히 공부해 가면서 시작하고 실행에 옮긴다면 자기도 모르는 사이에 자신만의 노하우와 기술이 쌓이게 될 것이다. 거듭 말하지만 이 생활 목공 DIY에는 절대적인 방법이라는 것이 없다. 꾸준히 시도하면 자신만의 방법이 찾아지고 그것을 찾아가는 방법이 생활 목공 DIY의 참맛이라고 할 수 있는 것이다. 이는 '연기' 혹은 그 어떤 '예술'의 개념과 비슷하다고 볼 수 있다. 그래서 나는 생활 목공 DIY를 '생활예술'이라고까지 생각한다.

나 섬 아 그런 거군요. 역시 예술가는 달라요. 이런 개념까지 이끌어 내시다니…….

천 샘 하하, 과찬이십니다. 저도 아직 연기의 참맛을 모르는걸요.

나 섬 근데 이렇게 공간박스를 만들어 보니 제대로 칠을 한 번 해보고 싶은데요?

천 샘 네 칠을 해야죠. 지금 당장 칠을 하지는 말고 몇 개 제품을 더 만들어 보고 칠을 하도록 하지요.

나 섬 그건 왜죠?

천 샘 사실 가구를 만들 때 나무를 자르고 조립하는 과정과 칠의 과정은 전혀 다른 세계의 작업이기 때문입니다. 쉽게 말해서 가구를 만드는 과정이 절반, 칠하는 과정이 절반이죠. 천천히 하는 것이 좋습니다."

칠에 대한 문제는 좀 더 개념을 만들어 본 공부하기로 하자. 이 책의 마지막 부분은 제품을 완성하고 칠을 하는 법을 자세히 다룰 예정이다. 칠은 또 다른 개념으로 나무와 연애를 하는 과정이라고 생각한다. 이제 갓 나무와 선을 봤는데 바로 연애를 하자고 할 수는 없지 않겠는가? 좀 더 서로를 알고 연애를 시작해야지…….

나 섬 (침묵, 생각하다가) 아! 그러고 보니 항상 나무를 만지고 알고 있다고 생각했는데 직접 그렇게 만져본 기억은 많지가 않군요. 갑자기 쑥스러워집니다.

천 샘 아닙니다. 저 역시 목공을 시작하기 전에는 마찬가지였습니다. 현재 가구를 만들거나 또는 집을 짓기 위한 모든 나무들의 대부분이 수입산들 입니다. 특히나 저희같이 DIY용 제품을 만들어야 하는 곳에서는 수입산 집성판재를 쓰지 않을 수가 없습니다. 그래서 비싸지는 것이죠. 우리나라 고유의 좋은 나무들도 정말 많은데 말이죠.
흔히 말하는 특수목 (오크(참나무), 메이플(단풍나무), 월넛(호두나무)) 등도 우리나라에 다 있는 나무들입니다. 그러나 위에서 공구에 관해 얘기할 때 언급했듯이, 시장이 없기 때문에 상품화를 시키지 못하는 것이죠. 또 그렇게 상품화를 못 시키니까 관리가 잘 안 되는 거구요.
자, 이제 현재 온라인 등에서 판매되는 나무에 대해 조금 감이 잡히셨나요?

나 섬 네, 하나하나 개념으로 접근하니 이해가 되는 것 같습니다. 그럼 MDF는 무엇인가요?

천 샘 네, 바로 설명을 드리죠.

POINT

M.D.F. (Medium Density Fiberboard)

식물질을 주원료로, 이것을 펄프화한 뒤 합성수지 접착제로 결합해서 성형, 열압의 과정을 거쳐 만든 판재이다. 쉽게 말하면 나무를 갈아서 섬유질만 뽑아낸 뒤 접착제를 섞어서 평평하게 압축시켜 합판처럼 만든 것이다. 균일한 조직 때문에 각종 정밀 작업에 좋다. 단점은 습기에 아주 취약하다. 무늬목 작업등에는 평활도가 좋으므로 적합하다.

용도 DIY가구, 건축내장재(종이, 비닐, 무늬목 가공 등의 2차 가공과 함께 쓰인다)등

흔히들 MDF, PB, OSB 판재를 사용할 때 인체에 유해하다고 이야기하는데 그것은 적절한 사용법을 모르는 사람들이나 하는 소리다. 물론 MDF나 PB등을 벽에 부착시켜 작업을 하면 밀폐된 공간 안에서는 눈도 따갑고 냄새도 역하다. 이는 바로 포름알데히드 때문이다. 사용하는 사람이 그런 물질에 민감하다면 써서는 불편하겠지만 경제적인 면을 고려했을 때, 이런 MDF나 PB등은 특히 외국의 목구조주택 등 손쉬운 건축을 위해 나온 것들이다. 그러니까 따지고 보면 외장재이지 내장재라고 할 수는 없다.

MDF같은 경우는 좋은 특징을 가지고 있다. 절단을 했을 때 각이 잘 나오고, 잘 틀어지지 않고, 평활성이 좋아서 가구를 제작할 때나 보조도구(JIG)를 제작할 때 아주 유용하게 쓰인다는 것이다. 단, 습기, 즉 물에는 취약이다. 이렇듯 각각이 쓰이는 용도가 다르다는 것을 소비자도 알아야 하겠지만 판매자도 이를 정확히 알려 주어야 할 의무가 있다.

그렇다면 MDF나 여러 종류의 합판들도 나무라 할 수 있을까? 나도 처음에는 나무는 결이 있어야 나무지 하며 MDF 등은 나무로 취급하지 않았다. 그러나 어찌됐건 그것들도 나무를 원료로 만들어졌기 때문에 나무라고 생각한다. 단, 가공을 통해 다른 성질의 물건이 되기 때문에 원목이라고 할 수는 없다. 결론적으로 MDF, PB, 그리고 일반 합판 역시 나무를 원료로 특정한 목적에 맞게끔 '제조된 나무' 라고는 할 수 있다. 여기에 대해서는 이론적으로 반박하시는 분들이 많겠지만 내 생각은 그러하다. 나무이지만 원목이라고는 말할 수 없다는 뜻이다.

천 샘 질문이 좀 이상하지만 나섬씨는 이렇게 집성판재로 만들어 놓은 나무들이 죽었다고 생각하세요, 아니면 아직도 살아있다고 생각하세요?

나 섬 당연히 죽은 것 아닙니까?

천 샘 물론 제재를 했기 때문에 뿌리에서 잘려 나왔으니 죽었다고 할 수 있겠죠. 그러나 저는 이런 판재 역시 살아있다고 말하고 싶습니다. 그 이유를 나무가 수축과 팽창을 거듭하고 있기 때문이죠. 나섬씨는 나무가 수축과 팽창을 한다는 것을 아시는지요?

나 섬 글쎄요.

천 샘 간단한 예로 혹시 가구점에서 원목가구를 샀는데 여름 장마철에는 서랍 등이 꽉 끼어서 빽빽해서 잘 안 열리다가 겨울철에 건조해지면 다시 잘 열리고 하는 경험을 해보셨는지요?

나 섬 아, 네! 어릴 적 저희 집 장롱이 그랬던 것 같아요.

이런 현상이 나무의 수축과 팽창을 설명해주는 아주 좋은 예이다. 원목 가구 같은 경우에 그런 일들이 종종 발생한다. (여기서는 집성판재로 만든 가구의 경우도 마찬가지이다. 집성판재도 원목이기 때문이다.) 그러면 어떤 사람들은 불량품이라고 난리가 나는데 그건 나무에 대한 이해가 부족해서 그렇다. 물론 그런 점을 감안해 제작해야 하겠지만, 어찌할 수 없는 부분이 있는 게 사실이다. 가구 만드시는 분들을 옹호하겠다는 얘기가 아니라 우리의 생활방식이 원목가구에는 맞지 않는 아파트 문화가 많기 때문이다. 콘크리트로 지어진 밀폐된 공간에서 나무 스스로 숨을 쉬지 못하기 때문에 이런 현상이 두드러지게 된다. 나무는 살아 숨을 쉬고 있는데 밀폐된 공간에 갇혀 있기 때문인 것이다.

예를 들어 기차 철로를 자세히 관찰해 보면 철로가 일정간격으로 끊어져 있는 것을 볼 수 있다. 바로 그 끊어진 부분이 수축과 팽창을 하기 위한 간격, 즉 유격이다. 철은 열을 받으면 늘어나고 반대로 추워지면 줄어든다. 이처럼 나무는 습도에 따라 수축과 팽창을 한다. 습도가 높으면 습기를 머금어서 부피가 늘어나고 습도가 낮으면 나무 자체가 가지고 있는 습기까지 빼앗겨, 수축을 하며 부피가 줄어든다.

나무의 수축과 팽창이 가능한 이유는 나무가 바로 세포로 이루어져 있기 때문이다.

겉으로는 알 수가 없지만 현미경으로 보면 나무에는 수많은 구멍이 있다. 바로 그 구멍들이 습기를 머금기도 하고 내뱉기도 한다는 뜻이다. 즉, 숨을 쉰다는 것이다. 그래서 나는 이런 판재 역시 '살아

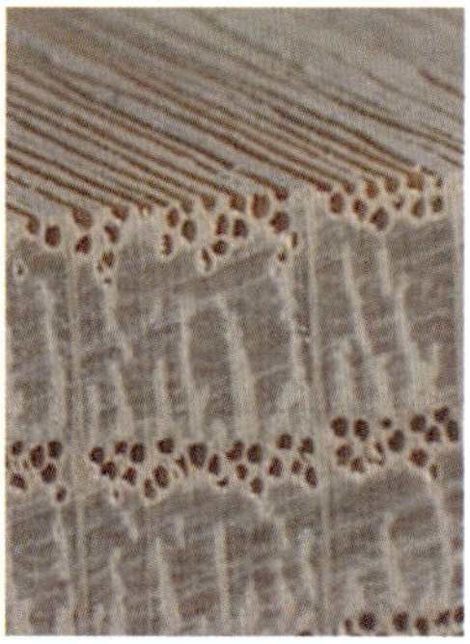

나무의 세포사진

오크의 세포사진

메이플의 세포사진

있다' 라고 표현한다.

또 한 예로 기타를 들 수 있다. 다양한 악기들 중에서 현악기는 보관 방법이 따로 있다. 위에서 이야기한대로 계절에 따른 습도 차이 때문이다. 현악기는 특히 줄을 거는 넥Neck부분이 중요하다. 습도가 높은 여름 장마철에는 나무의 속성이 물러져서 줄이 당기는 힘 쪽으로 넥이 휘어진다. 그래서 여름철에는 연주 후에 줄을 풀어놓고, 울림통 속에 습기제거제까지 넣는다. 반대로 겨울철에는 습도가 낮아져 나무가 강성(强性)을 띄면 장력(張力)이 없어지며 반대로 휘어진다. 그래서 겨울철, 특히 아파트에서 난방을 시작하면 가급적 줄을 풀지 않고 오히려 울림통 속에 가습제를 넣는다. 나무의 성질을 이해하는 데는 아주 좋은 예이다.

나무는 애인처럼 소중히 아끼자

나 섬 천선생님 말씀을 들으니 나무를 애인 다루듯 해야겠군요. 잠시만 소홀하면 토라지고 끝없이 아끼고 사랑해 줘야 하는 애인 같이요.

천 샘 하하하하, 바로 그거죠. 우리가 우리의 필요로 자연의 생명을 취해 그 풍요로움을 누린다면 마땅히 그에 대한 책임을 져야하지 않을까요? 바로 자연인 나무에게 말입니다. 제가 너무 어렵게 얘기를 했나요?

나 섬 아닙니다. 맞는 말씀이십니다. 그게 바로 요즘 한창 벌어지는 자연사랑 에코Eco운동하고도 연결이 되겠군요.

천 샘 네, 맞습니다. 과거와 달리 우리의 생활양식이 아파트 문화로 바뀌면서 밀폐성이 증가되어 나무들이 숨을 못 쉽니다. 그래서 원목 가구 대신 원목 비슷하게 나무를 가공해 가구를 만들지요. 예를 들어 MDF 위에 나뭇결문양의 필름지를 붙인 가구처럼 말입니다. 자연 그대로가 아닌 인위적 가공을 하다 보니 당연히 인간에게 안 좋은 성분들이 첨가 되겠죠.

또 한가지, 많은 이들이 통나무 집 등의 목조주택(사실은 목구조 주택이 맞는 말이겠지만)이 우리나라 현실에 맞지 않는다고 하는데, 물론 기후 상으로 안 맞는 이유도 있지만, 따지고 들어가면 그 원인은 우리의 조급증에 있다고 봐야 한다. 목구조 주택은 완공 후 1, 2년 동안 목구조 자체가 틀어지고 줄어들기 때문에 안정화의 시간이 필요한데 그 시간을 기다리지 못하고 쫓겨서 불안정한 상태로 빠른 시간에 건축을 완성할 수밖에 없는 게 우리의 현실이다. 예전 우리나라의 목구조 고택(古宅)들은 나무가 자리 잡을 때까지 몇 년을 기다렸다가 한 단계 한 단계 지어 나갔다고 알고 있다. 목구조 고택들이 몇 백 년을 갈 수 있는 이유인 것이다. 이렇듯 우리가 사는 현대사회는 너무 빠르고 조급하다.

나 섬 그럼 혹시 나무가 틀어지거나 했을 때 고칠 수 있는 방법이 있나요?

천 샘 네, 완벽하지는 않지만 간단한 방법이 있습니다. 물을 칠하면 됩니다.

나 섬 나무에 물을 칠한다고요?

천 샘 네, 왜 그렇게 놀라세요?

나 섬 아니 기껏 말려놓은 나무에 또 물 칠을 한다고요?

천 샘 아직도 나무가 살아 숨 쉰다는 얘기를 이해하지 못하셨군요. 우리가 목욕탕에서 목욕을 하고 나오면 손이 퉁퉁 불어 있다가 얼마 후에 원래대로 돌아오죠? 바로 우리 몸의 세포가 살아 숨쉬기 때문에 가능한 얘기죠. 나무 역시 물 칠을 해서 증발시키면 수축되는 현상을 역으로 이용하는 것이죠. 사진을 보면 쉽게 이해가 되실 겁니다. 이런 수정 방법은 칠에 관해서 말씀드릴 때 한꺼번에 다시 말씀드리겠습니다.

휘어진 판재의 바깥쪽에 충분히 물 칠을 한다.
엎어놓고 그 위에 무거운 것들을 올려서 반대로 휘어지게 한 후에 건조한다.
물론 이러한 방법은 완벽한 것은 아니다.

나 섬 아하! 재미있네요.

천 샘 재미있기도 하고 신기하기도 하죠? 이것이 자연의 오묘한 이치입니다. 살아있는 나무라는 뜻이기도 하고요.

그러나 이것은 완전한 방법이 아니다. 보다 완전하려면 처음 제재 후 건조 상태에서부터 오랜 시간이 지나야 한다. 제재한 후 켜켜이 쌓아놓고 비바람을 맞히며 자연 건조 상태로 가구를 만들 수 있을 때까지 10년이고 20년이고 그냥 놔두는 것이 제일 좋다. 그런 나무를 구할 수만 있다면 나무쟁이들에게 더 없는 행복이고 재산이 될 것이다. 하지만 이렇게 하면 생산성을 맞추기 힘들기 때문에 임의로 건조장이란 것을 만들어서 인공적으로 건조한다. 요즘 같이 '빨리 빨리

세상' 에서 그나마라도 다행이다. 진짜 장인은 그 기다림을 기다릴 줄 아는 사람이라고 나는 생각한다.

내가 아는 분 중에 수공으로 원목 기타를 만드는 분이 계시다. 독일에서 30년 이상 건조된 나무들로만 악기를 만드는 분이신데, 나도 그분의 악기를 하나 갖고 있다. 그 품질은 말할 것도 없고 소리도 그만이다.

그렇게 정성으로 나무를 관리하는 독일 사람들이 부러워 질투가 날 정도였다. 우리도 그렇게 미래를 좀 내다보고 좋은 것은 대물림하면서 관리하는 풍토가 하루 빨리 자리 잡았으면 하는 바람이다. 이런 장인들이 제대로 된 대우를 받아 그 정신을 이어갈 수 있다면 정말 좋겠다는 생각이다. 더 늦기 전에, 바로 지금이 그 시점이다.

나 섬 네. 저……. 그런데 막상 만들어 놓으니까. 칠까지 해서 마무리 짓고 싶네요.

천 샘 하하! 그 말씀이 왜 안 나오나 했습니다. 네, 칠도 반드시 해야겠죠. 그런데 사실 가구에서 칠은 또 다른 범주에 들어갑니다. 조립이 반이면 칠이 그 나머지 반이랍니다. 그래서 칠에 관해서는 이 책의 마지막 장에 따로 모아서 말씀드리려고 했는데……. 그래도 어렵게 만든 거니까 칠을 한번 해보죠. 여기서는 그냥 방법만 설명 드리고 나중에 중요한 개념까지 해서 알려드리겠습니다.

나 섬 네, 알겠습니다. 모든 걸 개념으로부터 시작하시는군요. 저로선 아주 좋습니다.

4

초보의 공간박스 칠하기

1

칠하기 위한 준비물(수성용매, 붓, 사포 등)

2

220번 샌드페이퍼로 나뭇조각에 감싸서 평평한 면을 샌딩해준다. 집성판재는 공장에서 일차 거친 샌딩을 마친 상태이므로 220번 샌드페이퍼로 너무 힘주지 말고 1차 샌딩을 한다.

전동 샌더기로 샌딩하는 법

사포 홀더로 샌딩하는 법

3

내부도 샌딩한다. 이렇게 조립이 된 상태에서는 사실 이런 내부 샌딩이 어렵다. 그래서 사실은 조립하기 전에 최소한 샌딩은 하고 조립한다. 원칙은 칠까지 마치고 조립하는 것이 원칙이다.

4

촉촉한 젖은 수건으로 샌딩 가루를 닦아낸다. 아니면 전기 청소기로 빨아들여도 좋다.

5

고무장갑을 끼고 스테인을 트레이에 따라서 준비한다.

6

내부부터 스테인을 칠한다.

7

외부나 좁은 면 등에 꼼꼼하게 스테인 칠을 한다.

8

전체적으로 스테인 칠을 마친 상태.

9

불완전건조 때 샌딩한 가루

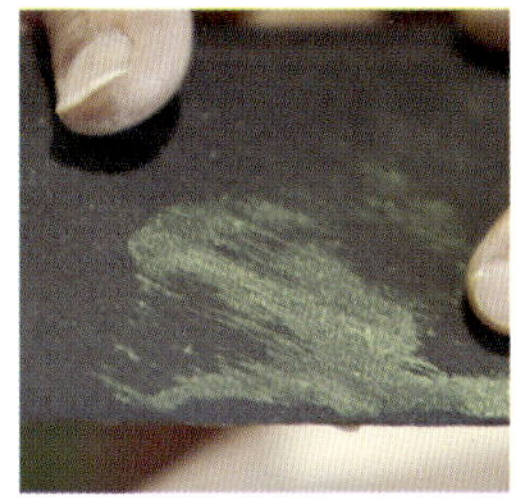

완전 건조 때 샌딩한 가루

완전 건조 후에 320번 샌드페이퍼로 빰을 쓰다듬듯이 샌딩을 해준다. 너무 거칠게 샌딩하면 칠이 벗겨지므로 주의해야만 거칠어진 면만 부드럽게 만들어준다는 생각으로 샌딩한다. 우리가 사용하는 스테인이나 바니쉬는 수성이다. 수성이 마르게 되면 면이 다시 거칠어진다.(나중에 칠에서 자세히 설명할 것이다)

10

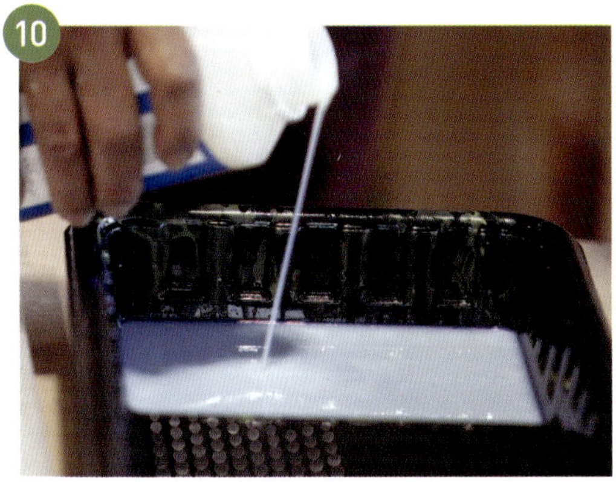

트레이에 바니쉬를 따른다.

11

내부의 모서리 면부터 칠하면서 내부 전체를 칠한다.

12

외부에 바니쉬를 바른다. 바니쉬를 바른 곳과 바르지 않은 곳의 차이.

13

1차 바니쉬가 완전히 마른 뒤에 330번 샌드페이퍼로 다시 샌딩해 준다. 이때도 너무 힘주지 말고 쓰다듬듯이 샌딩한다.

14

다시 외부에 2차로 바니쉬를 칠해준다.

15

칠이 끝난 상태.

16

칠의 종류에 따라 달라지는 공간박스

> **천호진의 Tip**
>
> **칠 리폼에 대해서**
>
> 칠을 다시 하기 위해서는 기존에 있는 칠을 완전히 제거하는 것이 기본이다. 물론 이 작업은 지루한 작업이다. 하지만 그 만큼 또 보람을 찾을 수 있는 일이니, 꼼꼼히 작업을 해야한다.
> 과거에 만들어진 나무제품들은 니스나 페인트로 칠한 것들이 많은 데 이러한 제품들은 페인터 리무버를 사용해서 칠을 제거할 수 있지만, 쉘락과 오일 칠의 경우에는 샌딩으로 갈아 낼 수밖에 없다.

천 샘 드디어 칠을 했네요.

나 섬 네. 뭔지도 모르고 시키는 대로 칠은 했는데 어떤지 모르겠습니다.

천 샘 나섬씨 스스로는 어떠세요?

나 섬 저는 너무 좋죠.

천 샘 그러면 된 겁니다. 저의 판단을 물으실 필요는 없습니다. DIY는 자신의 가구를 만드는 것이기 때문이죠. 나중에 칠에 대해서 말씀드릴 때는 저의 기준에 맞는 칠을 설명 드리겠습니다. 그 중에 개념만 빼고 취할 부분만 취해서 나만의 것으로 만들면 되겠죠.

이번 칠은 수성 스테인으로 채색을 하고 마감은 수성 바니쉬로 2번 칠해서 마무리했다. 요즘은 수성 칠들이 예전보다 품질이 좋아져서 유성 칠에 못지않은 좋은 칠이 나온다.

좋은 칠이라면 나무의 질감을 해치지 않고 단단하고 오염에 잘 견디는 투명도가 좋은 칠이라 하겠다. 내가 기준으로 삼는 칠의 방법은 하도, 중도, 상도의 3번 칠을 개념으로 한다.

이것을 기준으로 나무의 특성에 따라 원하는 칠의 형태에 따라 가감을 하면 된다. 다시 한 번 말하지만 칠은 조립과는 별개의 세계이면서도 아주 밀접한 관계다.

한마디로 칠은 시간과의 싸움이다. 1차 칠하고 마르는 동안 기다렸다가 다시 샌딩하고 2차 칠하고 다시 마르길 기다렸다가 샌딩하는 과정의 반복이다. 이 과정에서 마르기를 기다리지 못해서 좋은 칠을 못하는 것이다. 다시 한 번 상기하자. 칠은 '기다림' 이다. 1차 칠하고 마르는 동안은 그대로 내버려두고 잊어야 한다. 마르길 기다리고 앉아 있으면 절대로 제대로 말리질 못한다.

내 경험으로 이것은 인간의 욕심과 조급증 때문이다. 나 같은 경우에도 지금도 조급하게 마르기를 기다리고 앉아 있으면 칠을 실패한다. 그래서 나의 충고는 1차 칠을 하고 마르는 동안 외출을 하라고 권하고 싶다. 밖에 나가서 친구들과 커피도 한 잔하고 수다도 떨고 영화라도 한 편 보고 오면 그동안에 잘 말라서 "빨리 다음 칠을 해주세요."라고 부탁하는(?) 나의 작품을 볼 수 있을 것이다.

참으로 우리 인생과도 닮았다. 연애 할 때를 생각해보면 이해가 될 것이다. 기다리게 만들고 다시 당기고……. 나무와 이렇게 연애를 하는 것이 바로 칠인 것 같다.(연애를 안 해보신분들에게는 이해를 시켜드리기가 어렵네요. 양해를 구합니다요. ㅎㅎ)

나 섬 질문 하나만 드려도 될까요? 천선생님 얼마 전에 제가 이사를 가다가 스피커에 상처를 입었는데 이걸 다시 칠할 수 없을까요?

천 샘 스피커는 보통 내부 공간의 변형이 없게 하기 위해서 MDF를 주로 사용해서 무늬목을 붙이는 작업을 하고 거기에 칠 자체도 호마이카 칠을 주로해요. 이 칠은 굉장히 단단하거든요. 이런 칠이 벗겨질 경우 사실 다 깎아 내고 무늬목 작업을 해야 하는 경우도 생긴답니다.

훨훨
어쩜 그러니...
너... 나 만들고 좋아했자나...
어머...
난 5단장 반값에 샀는데!
내돈...
푹!

Chapter 3

실전! 생활 목공 DIY 기초편

1

쉬운 소품 만들기

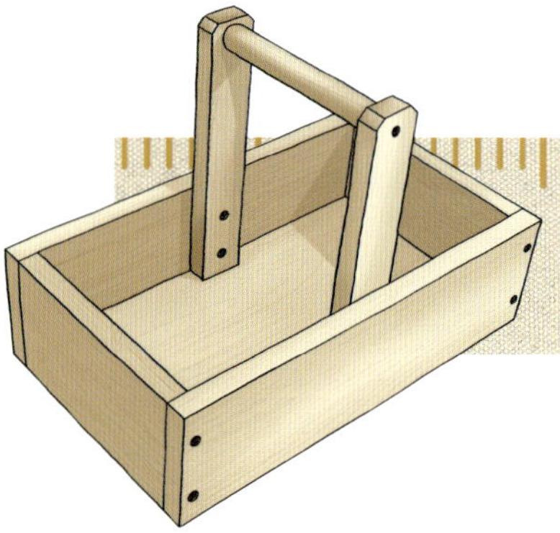

1_1 | 사각 트레이

부품목록

부품명	크기(mm)	수량	자재명
앞뒤판	340X100X15	2	미송합판 15T
측판	170X100X15	2	미송합판 15T
손잡이 세로목	220X36X15	2	미송합판 15T
손잡이 봉	140X20X20	1	원목봉∮ 20
지판	319X179X4.8	1	미송합판 4.8T
목공용 본드		1	
조립 나사못(검정) 32		14	

도면

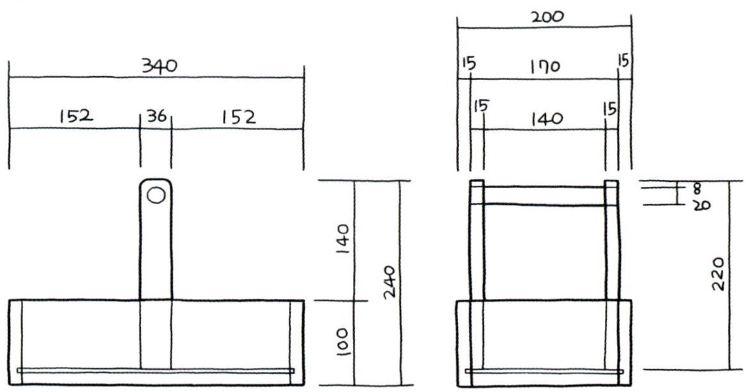

천 샘 그럼 이제 다른 것을 한번 만들어 볼까요?

나 섬 음 전 공간박스밖에 못 만들었는데, 다른 걸 제작할 수 있을까요?

천 샘 처음에 공간 박스를 만든 게 다 이유가 있답니다. 공간박스를 잘 응용하면 웬만한 제품은 못 만들게 없죠.

이번에 만들어 볼 사각 트레이는 조그만 상자모양의 박스에 손잡이가 달린 형태의 트레이다. 여기서 공부할 점은 본체의 사각형에 밑판을 홈을 따서 얇은 판을 끼워 넣는 방식(나중에 서랍을 만드는 기본이 된다)을 택했다. 손잡이에 원형으로 모양을 내는 방법에 대해서도 공부하겠다. 조립 방법은 모두 공간박스와 똑같은 나사못 조립이다.

일단 배송 받은(여기서는 '만들고'를 통해 주문해서 배송을 받은 상태를 기준으로 설명을 하겠다) 물품을 펼치고 목록과 비교하면서 각 부속의 치수를 재어보고 목록과 비교해서 각 부속에 이름을 써넣는다. 물론 자신들이 원하는 사이즈에 따라 제품을 주문하면 자신에게 필요한 사이즈의 제품을 만들 수 있다. 앞으로 나올 모든 제품도 마찬가지다.

1

그리고 대충 가조립을 해본다. 이러한 가조립의 과정은 사실 굉장히 중요한 부분이다. 각각의 부분들을 대충 만들어가면서 조립하는 것과 전체 조립이 되었을 때의 형태를 머릿속에 그려보고 조립 순서를 결정하면 각 부속이 엉뚱하게 조립이 되는 것을 방지할 수 있는 유일한 길이기 때문이다. 일단 조립이 다 끝나면 대부분의 경우 다시 볼트를 풀어 처음으로 돌아가는 가는 것은 거의 불가능하기 때문이다. 미리 완성된 사각 트레이를 상상 속에 그려 놓고 제품을 만들어 보자는 말이다.

2

나사못을 고정할 자리에 바깥쪽 부재를 대고 선을 긋는다.

3

나사못을 고정할 자리에 표시하고 펀치로 마킹한다.

4

두 부재를 세워서 맞대고 이중 드릴 비트로 프리홀을 뚫는다.

5

나사못 고정 전에 본드를 바른다.

6

첫 번 나사못을 고정한다.

7

두 번째 나사못을 고정하기 위해서 뒤집어서 고정한다.

8

이렇게 측판 2개를 고정한다.

9

미리 파져있는 홈을 따라 밑판을 밀어 넣는다.

10

나머지 측판 하나를 역시 홈에 끼워 맞춘다.

11

나사못 자리를 표시하고 펀치해서 프리홀을 뚫는다.

12

나사못 고정할 자리에만 본드를 바른다.

13

나사못을 고정한다.

14

손잡이 두 개를 마스킹 테이프(종이로 되어서 뜯어낼 때 깨끗이 떨어지는 테이프) 로 묶고 원목봉과 결합 될 자리에 펀치로 표시한다.

15

프리홀을 뚫는다. 한 쪽 뚫고 뒤집어서.

16

손잡이 원목봉의 중심에 연필로 표시하고 펀치를 한다.

17

정확한 위치에 고정을 위해 이중 비트 없이 드릴 비트만으로 미리 프리홀을 뚫는다.

18

원목봉에 본드를 바르고 손잡이에 고정한다.

19

손잡이를 고정할 자리를 측판의 중앙에 직각자를 이용해서 표시한다.

20

손잡이 바깥쪽에 본드를 칠하고 측판 센터 라인에 맞춰 끼운다.

21

측판에 손잡이를 나사못으로 고정한다.

22

완성!

나 섬 아. 이번에는 아주 편한 마음으로 조립 할 수 있었네요.

천 샘 예, 그 느낌을 느끼셨으면 이제 한 단계 발전하신 겁니다.

나 섬 그런데 지금 이 상태는 두 가지 정도가 미리 가공이 되어져서 배송이 되었는데요.

천 샘 네 그렇죠. 밑판을 끼우기 위한 홈과 손잡이의 모서리를 둥글게 가공을 해서 배송이 되었죠.

나 섬 그 두 가지를 집에서 가공할 수 있는 방법이 없을까요?

천호진의 Tip

홈파기

일단 밑판 홈 같은 경우는 트리머나 라우터라는 전동공구를 사용해서 팔 수 있다. 손잡이 모서리 가운데 같은 경우는 간단하게 수공구(톱, 실톱)를 이용해서 만들 수 있다. 밑판 홈 같은 경우 트리머나 라우터 같은 경우는 소음이 굉장히 심하고 위험 부담이 크기 때문에 일반 가정에서는 권해드리고 싶지는 않다. 우리 같은 업체에 그냥 주문을 하시는 것이 시간상으로나 비용 면에서나 이득이라고 생각한다. 그래도 일단 방법을 설명하자면 다음과 같다.

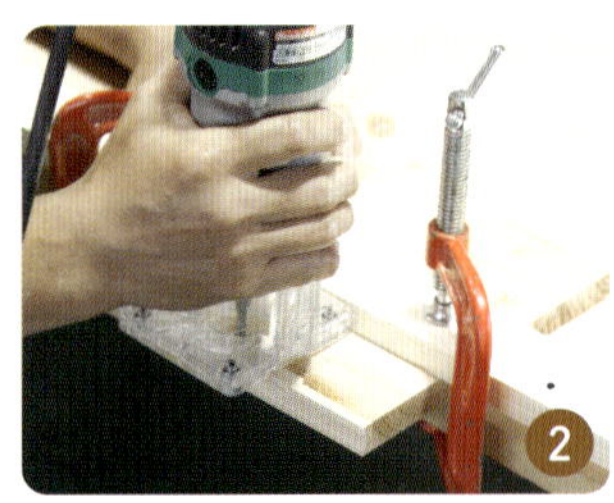

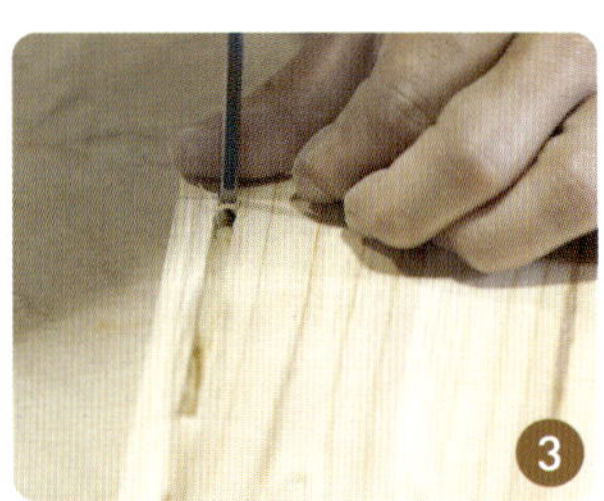

1. 홈의 폭에 맞는 두께의 트리머 비트를 장착하고 홈의 깊이에 맞춰서 조절한다.
2. 쫄대를 대고 비트의 회전 방향에 유의해서 홈을 판다.
3. 홈을 판 뒤에 둥글게 된 끝을 끌로 다듬어서 직각을 만든다.

DVD 참고

이렇게 트리머로 따놓은 때와는 달리 공장에서 가공되어져 서랍이 나갈 때는 그림과 같은 홈이 생길 것이다. 이것은 불량이라기보다는 공장에서 대량으로 조립하는 방법에 따라서 생기는 홈이다. 이것이 싫을 때는 다음과 같이 수정할 수 있다.

대량 작업으로 홈이 생긴다

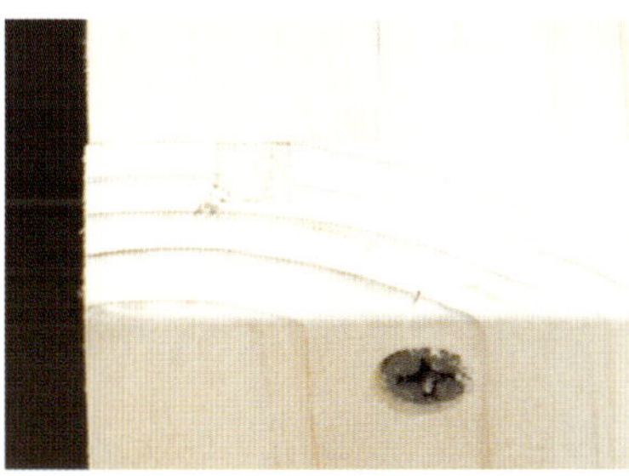

목심의 개념으로 작은 나무 조각을 본드를 발라 구멍에 끼우고 플러그 카터로 잘라 주면 깨끗하게 메워진다.

천 샘 어떠신가요?

나 섬 음! 트리머를 사용하여 가정에서 작업하긴 어려운 일이니……. 하지만 알아두는 것도 좋겠죠. 선생님의 팁이 도움이 되는데요.

천 샘 자 다음은 모서리 라운딩 처리하는 법을 알려드리겠습니다.

두 부재를 함께 마스킹 테이프로 묶은 뒤에 원을 그릴 수 있는 물체를 대고 반원을 그린다.

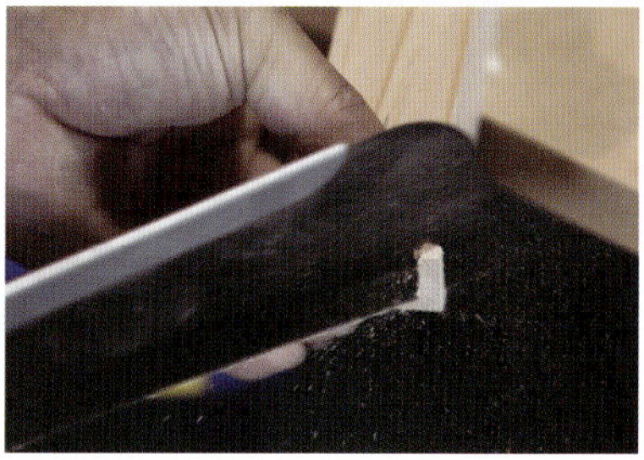

선을 살리면서 등대기톱으로 각 모서리를 조금씩 잘라나간다.

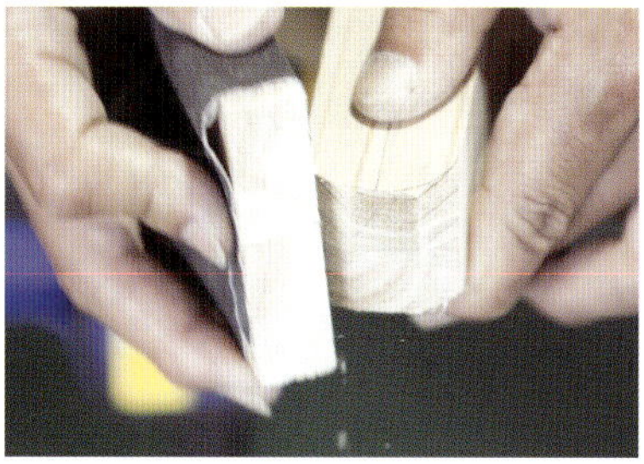

샌드페이퍼로 둥글게 마무리한다.

또 한가지 방법으로는 실톱을 사용하는 것이다.

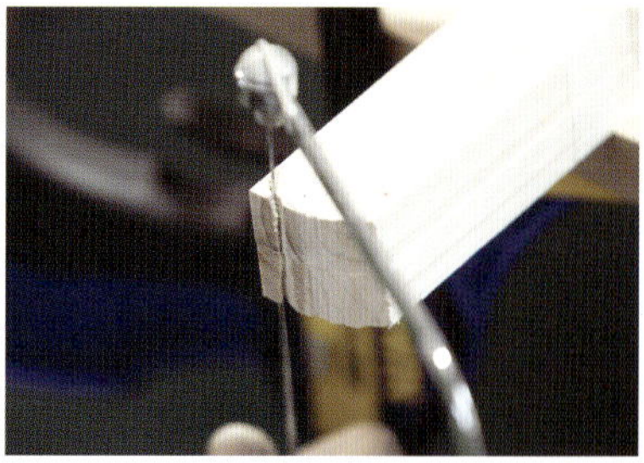

역시 선을 살려서 톱질을 한 뒤에 샌드페이퍼로 마무리한다.

나 섬 아하! 이런 방법이 있었군요. 그런데 선을 살려서 톱질한다는 게 무슨 뜻인가요?

천 샘 네 ! 설명을 드리죠. 톱을 사용할 때 굉장히 중요한 개념입니다. 잘 기억해 두세요.

POINT

톱의 사용법 및 톱에 대한 설명

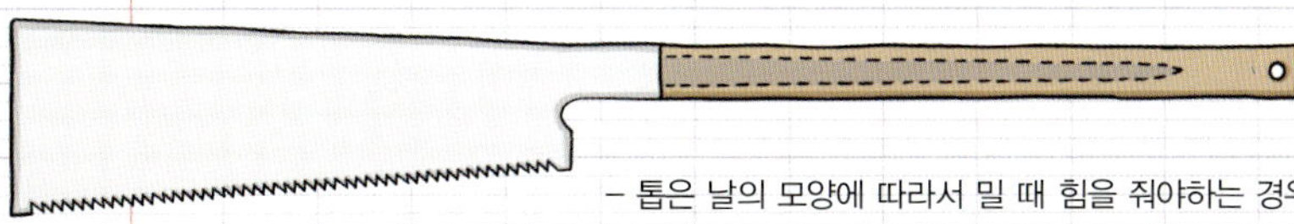

- 톱은 날의 모양에 따라서 밀 때 힘을 줘야하는 경우가 있고, 당길 때 힘을 줘야하는 경우가 있다. 보통 서양 톱은 밀 때 힘을 줘야 나무가 잘려나간다. 하지만 전통적인 국내 톱은 당길 때 힘을 줘야 한다. 밀 때와 당길 때 다 힘을 줄 필요가 없는 것이다.
- 선을 살려 톱질한다는 것은 톱질을 하면 선만큼 나무가 갈려 나가기 때문이다. 즉 10mm를 자른다고 할 때 선을 살리지 않으면 1.2m가 사라질 수 있다.

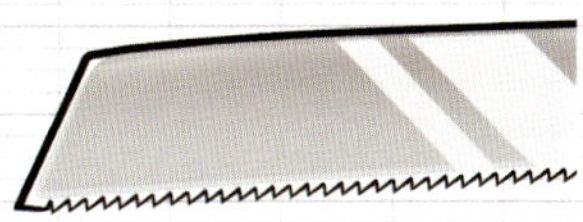

서양톱

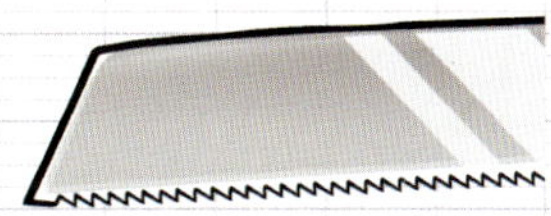

동양톱

DVD-톱의 사용법 편 참고

천 샘 어떻습니까? 이해가 되시는지요?

나 섬 아하! 참으로 오묘하군요.

천 샘 너무 그렇게 감탄하실 필요는 없고요. 이런 지식을 남겨 주신 선배님들께 감사해야죠. 하하. 그리고 목공에는 이런 격언이 있습니다. "열 번을 재어보고 한 번 절단해라!" 아무리 훌륭한 목수라 해도 자로 측정하는 것을 게을리 하지 말라는 그런 경고의 얘기라고 저는 생각합니다. 또 아주 당연한 말이구요. 그래서 목수에게 있어서 측정 공구는 생명과도 같은 존재가 되는 겁니다. 자! 이제 시간도 늦었는데 내일 우리 다시 만나서 다음 단계로 넘어가면 어떨까요. 아무리 좋은 음식도 너무 한꺼번에 많이 먹으면 맛이 없어지는 법이니까요.

나 섬 하하 오늘도 너무 많이 먹은 것 같습니다. 근데 이젠 뭐든지 만들 것 같은데요. 생각보다 쉽고요.

천샘 하하……. 하지만 앞으로는 또 꼭 그렇지만은 않을 겁니다. DIY라는 게 그렇게 만만한 게 아니에요. 뜸이 들어야 밥이 된다고 말씀드렸잖습니까, 하하. 천천히 하나하나 기본기를 쌓아가고 나무에 대한 애정을 버리지 말도록 하세요. 나무와의 교감, 그게 참 중요하거든요.

1_2 | 심플 서류함

도면

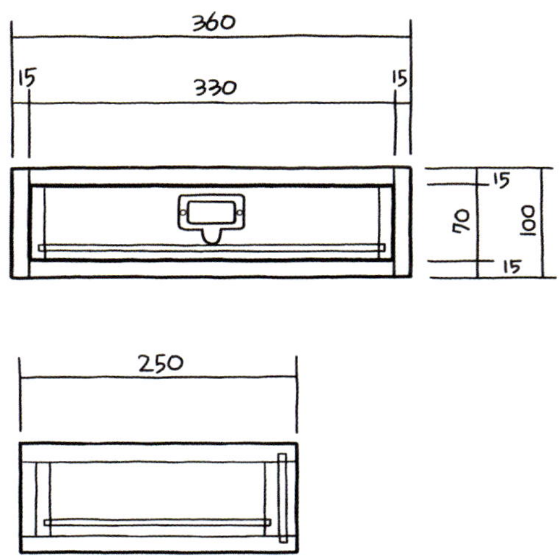

부품목록

부품명	크기(mm)	수량	자재명
천판, 지판	330X250X15	6	미송합판15T
측판	100X250X15	6	미송합판15T
서랍 앞판	326X66X15	3	미송합판15T
서랍통 앞뒷판	301X68X12	6	시더12T
서랍통 측판	218X68X12	6	시더12T
서랍통 지판	309X202X4.8	3	미송합판4.8T
뒷판	338X78X4.8	3	미송합판4.8T
목공용 본드		3	
조립 나사못(검정)	32	24	
명찰꽂이 손잡이		3	
손잡이 나사못(크롬)		15	12

나 섬 이거 생각보다 만만하지 않네요. 하지만 가구 DIY 라는 세계가 무엇인지 이제 좀 알 것 같아요.

천 샘 하하. 아직 알 것 같다고 말하기에는 너무 시작인지도 모르지요. 천천히 알아보면 더 재미있으실 겁니다. 그런데 나섬씨는 진작에 공간박스를 만들어 봤으니까. 자, 이제 무엇을 응용해서 만들 수 있을 거 같으세요? 뭘 만들고 싶으십니까?

나 섬 글쎄요. 뭐든 할 수 있을 것 같은데, 딱히 떠오르는 것은 없네요.

천 샘 생각의 폭을 좀 넓혀 보면 상당히 많은 것을 할 수 있을 거 에요. 공간박스가 작긴 하지만 그게 크고 넓으면 책상이 될 수 있고, 좀

고 높이가 높다라면 의자가 될 수도 있겠죠. 그런 식으로 상상력을 발휘하면 응용은 매우 쉽죠.

나 섬 아 그러네요. 정말 공간박스만 하나 알면 뭐든지 할 수가 있을 것 같네요. 공간박스가 DIY의 기본이자 개념이라고 하신 말씀이 정확히 와 닿아요!

천 샘 뭐든지 할 수 있을 것 같은 게 아니라 정말 할 수 있어요. 상상의 나래를 펴고, 자신이 하고 싶은 것을 만들어 가는 즐거움이 바로 DIY의 참 매력이니까요. 오늘 만들어 볼 심플 서류함도 결국 공간 박스의 개념의 연장선상에 있는 거랍니다. 서류함을 만들어 보는 건 어떨까요?

나 섬 넵! 뭐든 좋습니다. 제 실생활에 꼭 필요한 것이기도 하구요.

오늘 만들어 볼 심플 서류함을 통해서 간단하게나마 서랍의 개념에 대해서 공부해 보기로 한다. 일단 서랍에는 크게 두 가지 종류가 있다. 구조상으로는 레일이 있는 경우와 레일이 없는 경우, 디자인상으로는 서랍 앞을 덧댄 경우(A), 덧대지 않은 경우(B)로 나눌 수 있다.

특징을 비교하자면 레일이 있는 경우는 서랍이 좀 크고 물건을 많이 넣을 경우에 좋고, 레일이 없는 경우는 그 반대의 경우로 보면 되겠다.

A. 서랍 앞을 덧댄 경우

B. 덧대지 않은 경우

1

먼저 목록에 맞춰서 재료를 확인한다. 그리고 각 부품의 이름을 써놓는다.

2

서랍이 들어갈 외부상자를 만들기 위해서 측판과 상판이 고정될 자리를 측판을 대고 선을 긋는다.

3

프리홀을 뚫을 자리에 펀치로 마킹한다.

4 이중 드릴비트로 프리홀을 뚫는다.(클램프로 잡고 뚫으면 쉽다.)

5 나사못이 고정될 자리에 본드를 바른다.

6 상판과 측판을 나사못으로 고정한다.

7 같은 방법으로 지판을 고정한다.

8 완성된 외부상자

9 만들어진 서랍을 넣어 본다. 사방이 약3mm의 유격을 가진다.

10

서랍앞판에 본드를 바르고 적당한 간격이 되도록 붙인다.(여기서는 타카를 썼지만 적당한 길이의 나사못으로 고정해도 된다.)

◎ DVD-타카사용법 편 참고

11

서랍을 넣어본다.

손잡이를 부착하기 위해서 대각선을 그린다.

적당한 위치에 놓고 보다 정확한 작업을 위해 민감한 손으로 고정한다.

완성된 모습

1_3 | 선반 서랍함

도면

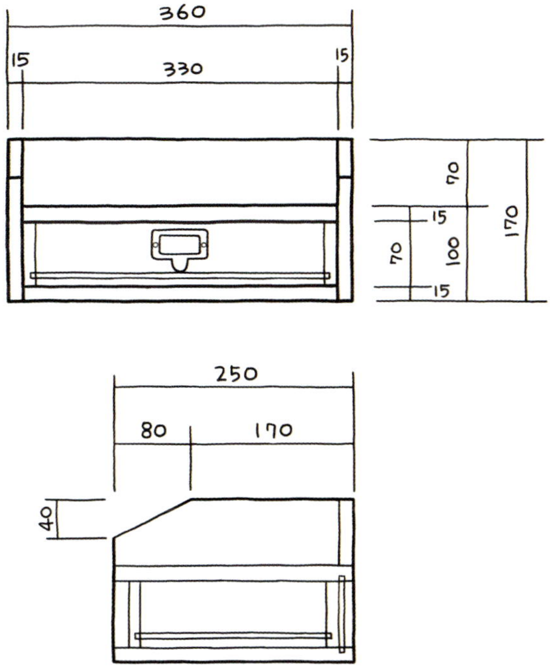

부품목록

부품명	크기(mm)	수량	자재명
천판, 지판	330X250X15	2	시더15T
선반 뒷판	330 70 15	1	시더15T
서랍 앞판	326 66 15	1	시더15T
측판	170X250X15	2	시더15T
서랍통 앞뒷판	301X68X12	2	시더12T
서랍통 측판	218X68X12	2	시더12T
뒷판	340X80X4.8	1	미송합판4.8T
서랍통 지판	311X204X4.8	1	미송합판4.8T
목공용 본드		1	
조립 나사못(검정)	38	10	
명찰꽂이 손잡이(앤틱)		1	
손잡이 나사못(검정)	15	2	

이번에는 역시 서랍의 개념인데 레일이 없는 경우에 전체적으로 4면이 똑같은 유격을 가지게 보이도록 만드는 방법에 대해서 공부해 보자. 사실 이것은 일종의 '눈속임'이다. 그렇지만 굉장히 유용한 방법이다. 아울러 직소의 사용법도 언급해 보겠다.

1

재단목록과 비교해서 각 부품마다 이름을 쓴다.

2

가조립을 해본다.

3

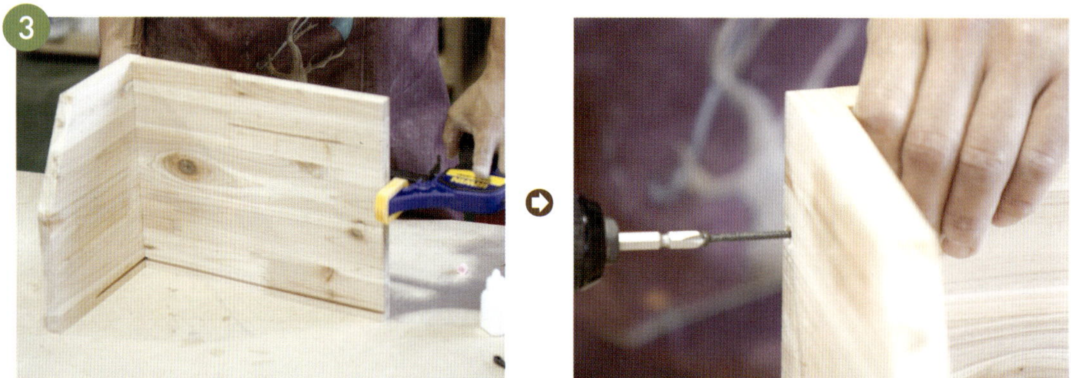

뒤판이 들어갈 홈의 방향에 주의해서 클램프로 묶은 뒤에 프리홀을 뚫고 지판과 측판을 고정한다.

4

뒤판을 끼운 뒤 다른 쪽 측판을 고정한다.

5

중판을 끼운 뒤에 서랍 통을 넣어보고 적당한 유격 (약 3mm)을 두고 고정한다.

6

서랍 통 앞판을 밑에서 약 3mm 정도 띄어서 고정한다.

7

뒤판을 고정한다.

8

손잡이를 고정한다.

9

완성!

심플 서류함 위에 올려놓았을 경우 비교해보면 잘 알 수 있을 것이다.

여기서는 심플 서류함과 같이 서랍 통 앞판을 달았는데 조금 다른 점을 느꼈을 것이다. 그 이유는 레일이 없는 서랍을 만들 경우는 서랍이 바닥에 붙는다. 서랍이 면과 닿는 부분이 위로는 유격이 있지만 바닥은 유격이 없다. 심플 서류함에서는 서랍 통 앞판이 전체를 덮어서 그 유격이 결국엔 보이지 않지만 이번 경우는 서랍이 안으로 들어가는 형태이기 때문에 앞판으로 전체 유격을 3mm정도 여유를 두어 조절해주는 것이다. 일종의 눈속임이지만 전체 디자인을 고려했을 때는 굉장히 유용한 방법이다.

우리 주위의 고급가구들도 이런 식으로 눈속임을 하는 경우가 종종 있다. 표현을 '눈속임' 이라고 하니까 뉘앙스가 나쁘게 들릴지 모르겠지만 적당한 표현을 찾지 못해 그렇게 말하는 것이니 나쁘게 오해를 하지는 말기 바란다. 단어는 좀 불편하긴 하지만, 엄연한 '가구 디자인의 기법' 이기 때문이다. 조금 더 노골적으로 말하면 '잔머리' 를 잘 쓰면 얼마든지 가구디자인을 할 수 있다. 결국 가구란 보이는 면에서 어떻게 보이냐가 상당히 중요하기 때문이다. 그리면서 동시에 사용하는 사람이 편리하다면 가구는 일차적으로 기본 역할을 충분히 만족시킨 것이라고 할 수 있을 것이다. 용감하게, 자신을 갖고 일단 시도해 보시라!

천호진의 Tip

직소로 사용법, 측판의 각 따는 법

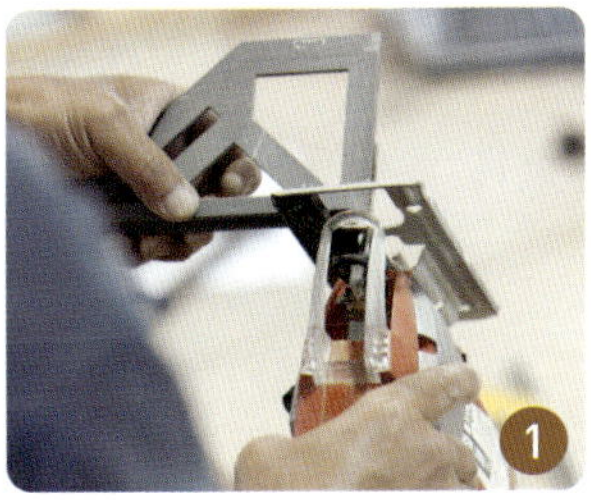

먼저 직소의 날이 직각인지 확인한다.

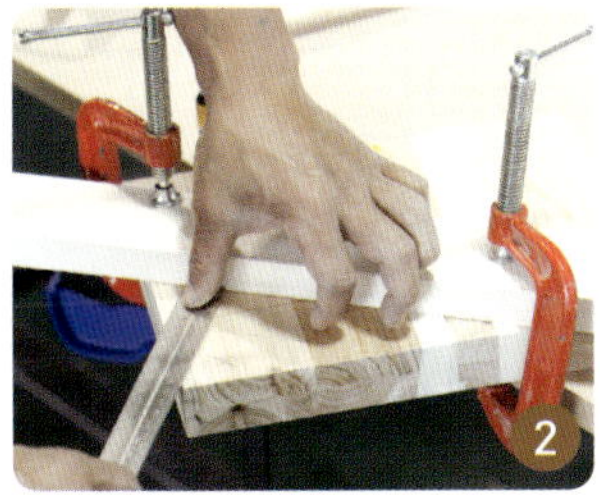

직소 베이스에서 직소 날까지의 거리를 계산해서 보조 대를 댄다.

보조 대에 직소 베이스를 잘 밀착시켜서 천천히 절단한다.

잘린 면

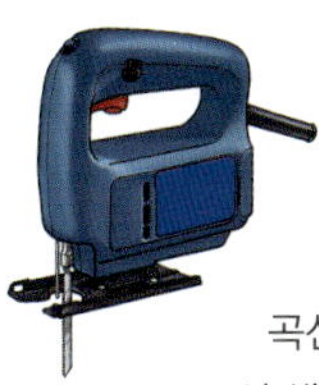

보통 사람들은 직소가 쉽게 정밀하게 절단할 수 있을 것 같이 오해를 하는 경우가 있다. 그러나 내 경험으로는 직소는 결코 정밀 절단을 하기가 어렵다. 특히 보조대 등의 도움 없이 정확히 일직선으로 절단한다는 것은 사실상 불가능하다. 그래서 곡선이든 직선이든 선에 가장 밀접하게 선을 살려서 절단한 뒤 반드시 샌딩으로 다듬어 주어야 한다. 물론 경험이 뛰어난 장인이라면 간단한 공구만 가지고 직선이나 곡선을 만들 수 있을 것이다. 정말 절묘한 힘의 조화로 말이다. 하지만 그런 것은 평생을 그런 목공예를 한 장인이나 가능한 것이다. 아니, 그 분들도 그런 것이 쉽지 않다고 말할 것이다. 그만큼 목공예의 깊이는 깊고 오묘하며 어려운 것이다. 사용하면서 익숙해지면 보다 원하는 가공이 가능할 것이다. 하지만 처음부터 큰 기대를 가지고 시작하면 오히려 실망이 더 커질 수 있다는 점도 명심하기 바란다.

공구에 대한 이런 오해의 부분도 정확한 전달이 필요하다는 의미에서 하는 말이다. 정확한 지식이 없이 처음 직소를 사용했을 때 느꼈던 실망감과 절망감이란! 지금도 생각난다. 내가 생애 최초로 산 전동공구가 직소였는데 도저히 상상할 수 없는 바로 잘못된 작업의 결과가 나와 버렸다. 그래도 나는 포기하지 않았다.

DVD–직소 사용법 편 참고

나섬씨는 공방에 와서 며칠째 계속 공간박스와 서류함을 만들어 보고는 제법 즐거워했다. 무엇엔가 빠져들고 몰입되는 일은 즐거운 일이다. 하지만 그것도 하나에만 집중하다 보면 오래 가지 못하는 모양이다. 하루는 나섬씨가 공방에 오자마자 인상을 쓰기 시작했다. 인상을 쓰는 이유를 나는 대번에 알아차렸다.

나 섬 아니 근데 천선생님 계속 이런 것들만 만들어야 하는 건가요? 좀 새로운 것이 없을까요?

천 샘 좀 새로운 거요? 음. 그렇다면, 오늘은 보르도 빈티지 박스를 만들어 볼까요?

나 섬 보르도 빈티지 박스라. 보르도라면 와인의 고장이잖아요. 그럼 와인을 담아 두어도 되는 건가요?

천 샘 그건 쓰시는 분 자유죠! 하하. 마음대로 하세요.

2

소품으로 DIY 테크닉 익히기

2_1 | 보르도 빈티지 박스

경첩과 수대의 사용, 아이디어를 어떻게 얻는지 알아보자.

도면

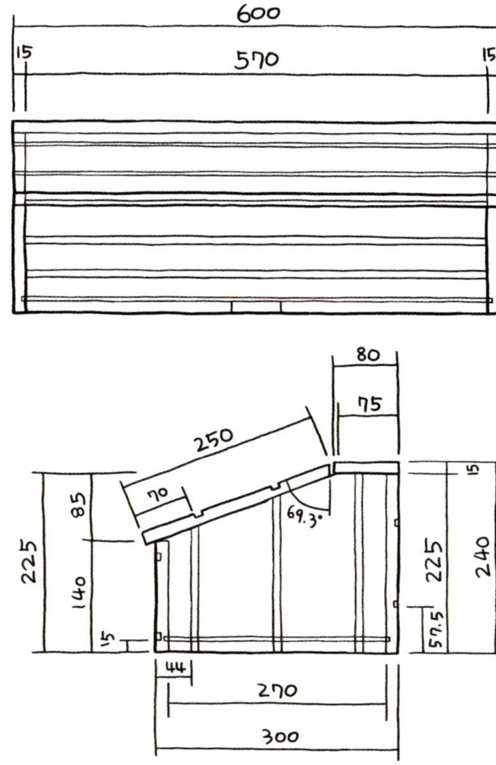

부품목록

부품명	크기(mm)	수량	자재명
덮개 문짝	600X250X15	1	패널합판15T
천판	600X80X15	1	패널합판15T
뒷판	570X225X155	1	패널합판15T
앞판	570X140X15	1	패널합판15T
측판	225X300X15	2	패널합판12T
지판	578X275X4.8	1	미송합판
목공용 본드		1	
조립 나사못(검정)	32	10	
평경첩(소)		2	
경첩 나사못(검정)	15	8	
가죽 손잡이		1	
손잡이 나사못(검정)	15	2	

천 샘 자 이번에는 생활용품을 수납할 수 있는 박스를 만들어 보겠습니다. 빈티지 박스라고 이름을 붙여봤는데요. 음! 일반적인 나무에 일부러 거친 모습을 표현하기 위해서 스크래치(흠집)를 준 것입니다. 예전 영화들을 보면 필름에 칼자국 같은 게 나 있죠? 그런 게 바로 스크래치입니다. 오래된 느낌을 주기 위해 요즘 영화에서는 일부러 그러기도 하더군요. 조립을 하는 요령은 여태껏 해 왔던 방법 그대로입니다. 자 시작해볼까요?

목록대로 각 부속을 치수를 재어서 이름을 붙인다.

전체의 형태를 확인하기위해서 가조립을 해본다.

측판의 안쪽 나사못이 고정 될 부분에 본드를 바르고 측판을 나사못으로 고정한다.(이 경우는 이중드릴비트를 쓰지 않았다. 빈티지의 느낌을 최대한 살리기 위해서 검정색 나사못으로 나사못 머리를 노출시키는 디자인이기 때문이다.)

4

전체를 뒤집어서 다른 쪽 나사못도 고정한다.

5

다른 쪽 측판도 고정 한다

6

밑판을 끼워놓은 상태에서 앞판의 홈에 끼워 넣고 앞판과 측판을 고정한다.

7

위판을 고정한다.

8

이제 뚜껑을 대어보고 어떤 형태로 열리게 될지 감을 잡아본다.

천 샘 잘 보세요. 자, 여기서 뚜껑을 고정하기 위해서는 무엇이 필요할까요?

나 섬 경첩?

천 샘 네! 맞습니다. 이 경첩이라는 하드웨어의 발명으로 인해서 가구의 기능성이나 디자인이 다양하게 발전할 수 있었답니다. 이 경첩을 달 수 있는 방법은 디자인에 따라 여러 가지 방법이 있는데 자세한 구조와 그 방법은 따로 알려 드리겠습니다.

천호진의 Tip

경첩 다는 방법 찾아가기

일단 여기서는 제가 즐겨 쓰는 한가지 방법대로 소개 한다.

▲ 손잡이의 종류와 경첩의 종류가 있다. 여기서는 가죽으로 된 손잡이와 일반 경첩을 사용한다.

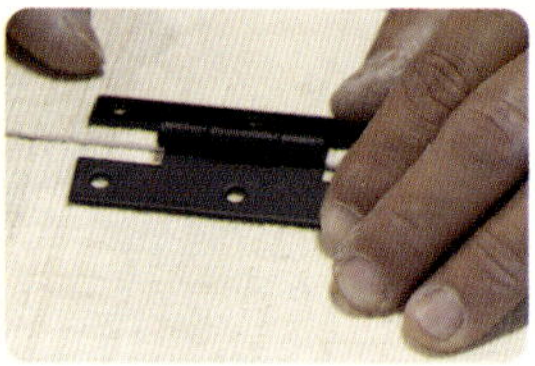

▶ 이 경우는 특별한 방법이 없이 그냥 노출형으로 기둥 쪽(여기서는 윗 판입니다)과 문짝과 일정한 간격을 주고 나사못으로 고정한다.

▲ 이 경우는 한가지 유의할 점이 있는데 사실 이 경첩은 외부로 노출 시키지 않고 안으로 접어 넣어서 고정하는 경첩이다. 자세히 보시면 틈이 있는데, 이 틈 쪽이 문짝 방향으로 가도록 고정해 주셔야 한다. 그래야 문이 닫혔을 때 경첩의 두께로 인해서 완전히 닫히지 않는 경우를 막을 수 있다.

〈만들고 홈페이지 참고〉

1. 방향에 주의해서 경첩을 자리에 놓고 연필로 나사못 구멍을 표시한다.

2. 표시된 원의 중앙에 송곳으로 나사못 고정 할 자리를 마킹을 한다. 이 과정이 귀찮아 보이지만 반드시 경첩을 달 때는 반드시 해야 하는 작업이다. 경첩 달기는 상당히 예민한 작업이라서 정확히 센터에 나사못을 고정하지 않으면 나사못이 돌면서 고정되는 방향으로 문짝이 밀려서 달릴 수 있다. 그러면 나중에 문짝과 기둥 쪽의 유격이 생기면서 모양이 틀어져서 보기가 흉하거나 문짝이 닫히질 않는 불상사가 생긴다.

3. 그렇게 마킹한 자리에 나사못을 고정한다. 이 때 주의할 점은 항상 말하지만 나사못을 한 번에 쭉 밀어 넣어서 고정하지 말고 천천히 끊어, 끊어 고정해 주시길 간곡히 부탁드린다. 제가 '간곡히' 라고 표현한 이유를 아실런지요? 전동 드라이버 사용법에서도 말씀 드렸지만 전동드라이버의 방아쇠를 쥐는 강도에 따라 회전수가 조절이 된다. 그 미세한 기능을 이용할 줄 알아야 한다. 그래서 사실은 이렇게 경첩을 달 때는 일반 손 드라이버로 조심, 또 조심해서 달아야 한다.

DVD-경첩달기 편 참고

10

이제 기둥 쪽 (여기에서는 위판)도 송곳으로 마킹한다.

11

나사못 고정

12

뚜껑의 완성

13

여기에 아까 선정해놓은 가죽 손잡이를 나사못으로 고정한다.

자 이제 여기서 아이디어를 한 번 내보자. 뚜껑이 이렇게 열리기만 하면 뒤로 넘어간다. 그래서 어느 정도 열리고 멈추게 해보자. 이 때 쓸 수 있는 하드웨어로 수대Stay가 있다. 다양한 형태가 있지만 체인 형태로 된 것을 써보자. 빈티지 형태이기 때문에 일반 노끈 같은 것으로 적당하게 고정해도 훌륭히 제 역할을 할 수 있다.

14

체인 형 수대를 나사못으로 고정한다.

15

자 드디어 완성

천 샘 어떠신가요? 아이디어를 내면 거기에 맞는 하드웨어는 굉장히 다양하게 많답니다. 그래서 항상 검색하고 찾는 노력이 중요하겠죠. 인터넷으로의 '실시간 공부'와 저와 '실전 공부'를 하신 셈이죠. 어떠세요, 경첩을 달기는 어렵지 않으셨나요?

나 섬 사실 어렵더군요. 그런 비밀(?)이 숨어있는 지도 몰랐고 그렇게 예민한 작업인지도 몰랐습니다.

천 샘 예. 저도 처음에 많은 실수를 했습니다. 경험에 의해서 알게 된 것이죠. 누가 가르쳐 주질 않았거든요. 이런 내용은 책에도 없더군요. 그러니 여러 가지 경험을 해보면서 자신만의 기준을 세우는 것이 더욱 중요하다고 생각합니다. 무엇보다 자꾸 만들고 성공하고 실패하는 경험이 중요하다고 생각합니다. 이거 큰 노하우를 알려 드렸으니까 커피라도 한잔 사세요.

나 섬 알겠습니다. 커피 말고 소주는?

천 샘 더욱 좋죠. 하하하. 자 그럼 다음으로 넘어가 볼까요?

2_2 | 접이식 다용도함

보다 다양한 경첩의 사용법을 배워본다

부품목록

부품명	크기(mm)	수량	자재명
측판	385X350X15	2	미송15T
뒷판	385X270X15	1	미송15T
서랍레일	308X18X15	2	미송15T
덮개문짝	300X236X15	1	미송15T
천판	300X202X15	1	미송15T
지판, 가로중판	270X335X15	2	미송15T
명함통 선반	270X250X15	1	미송15T
명함통 (대)	270X60X15	2	미송15T

부품명	크기(mm)	수량	자재명
서랍 중간목	270X25X15	1	미송15T
덮개 문짝 지지목	270X20X15	1	미송15T
서랍 앞판(대)	266X96X15	1	미송15T
서랍 앞판(소)	266X66X15	1	미송15T
명함통 (소)	167X60X15	1	미송15T
서랍통 측판(대)	318X83X12	2	시더12T
서랍통 측판(소)	318X53X12	2	시더12T
서랍통 앞,뒷판(대)	241X83X12	2	시더12T

부품명	크기(mm)	수량	자재명
서랍통 앞,뒷판(소)	241X53X12	2	시더12T
서랍통 지판	304X251X4.8	2	미송합판
목공용 본드		1	
조립 나사못	32	22	
평경첩(소)		2	
경첩 나사못	15	8	
무도색 원목 1구 손잡이 (소)	Φ25	20	
손잡이 볼트	40	2	

도면

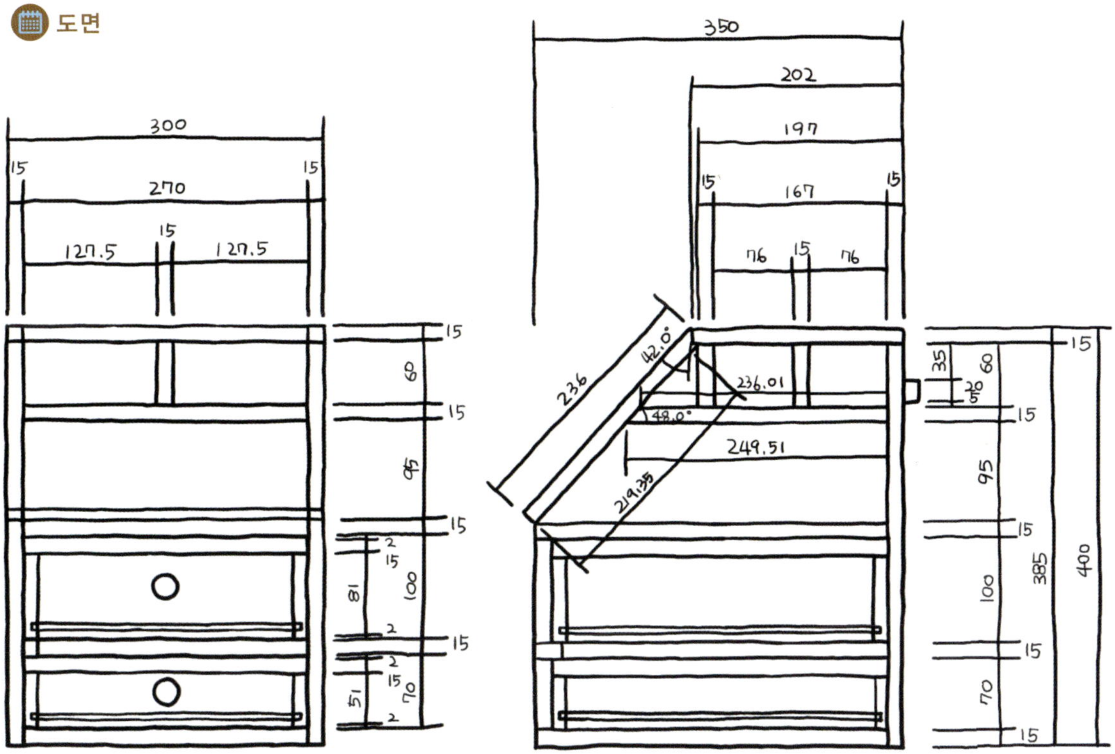

1

부품을 점검한다.

2

가조립을 해본다.

3

중판과 지판을 고정하기 위해서 바깥쪽에 연필 선을 긋고 펀치로 나사못 자리를 표시한다.

4

이중드릴비트로 프리홀을 뚫고 나사못으로 고정한다.

5

다른 측판을 고정한다.

6

서랍 칸을 나누기위한 쫄대를 고정한다.

7

서랍을 넣어 본다.

8

뒤판을 고정한다.

9

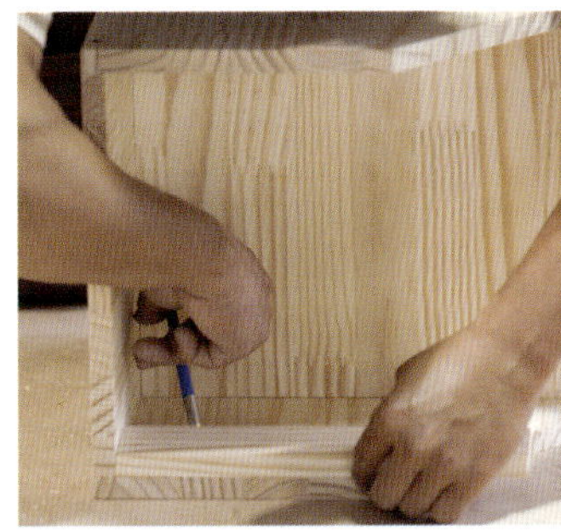

위의 선반을 고정하기위해 쫄대를 이용해서 위치를 잡는다.

10

나사못으로 고정한다.

11

위 뚜껑에 경첩을 고정한다.

12

상판을 경첩을 이용해서 뒤판에 고정한다.

13

앞판의 각진 부분에 경첩을 고정한다.

14

위 뚜껑에 고정한다. 잘 열리는지 확인한다.

15

서랍을 넣어 보고 전체 외형을 확인한다.

16

만들어진 십자 칸막이를 끼운다.(만드는 방법은 따로 설명)

천호진의 Tip

십자 칸막이 만드는 법

1

2

3

4

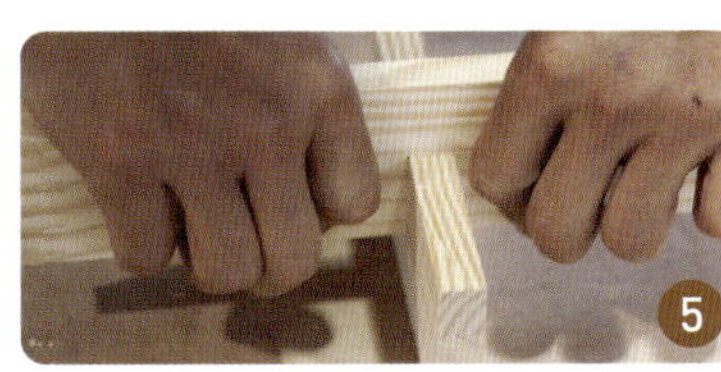

5

1. 각 부재의 센터를 잡는다.
2. 부재 폭의 절반이 되도록 선을 그린다.
3. 선을 잘 살려서 톱질을 한다.
4. 부재의 두께에 맞는 끌로 따낸다. 결 방향이어서 쉽게 따진다.
5. 다른 쪽도 똑같은 방법으로 따내서 끼워 넣는다.

17

문짝이 더 이상 넘어가지 않을 자리에 쫄대를 고정한다.

18

완성!

19

포크 아트로 칠한 사진과 비교.

2_3 | 컨트리 분리수거함

경첩을 이용해서 문짝을 만들어 본다. 일반 문짝도 이와 같은 이치로 만들 수 있다.

부품목록

부품명	크기(mm)	수량	자재명
측판	582X305X18	2	시더18T
천판	370X325X18	1	시더18T
지판	294X287X18	1	시더18T
천판지지목	294X60X18	2	시더18T
걸레받이	294X60X18	1	시더18T
앞판가로목	294X40X18	2	시더18T
문짝(아래)	291X288X18	1	시더18T
문짝(위)	288X142X18	1	시더18T
지판 쫄대	267X18X18	2	시더18T
문짝(아래) 쫄대	228X40X18	2	시더18T
문짝 스토퍼	60X30X18	1	시더18T
뒷판	514X304X4.8	2	미송합판
목공용 본드		1	
조립 나사못	35	14	
문짝스토퍼 나사못	25	1	
화살경첩		2	
화살경첩 나사못(검정)		15	
스윙경첩(소)		2	
파치 링		1	
파치 링 철판		1	
경첩, 파치 링 나사못	15	12	

도면

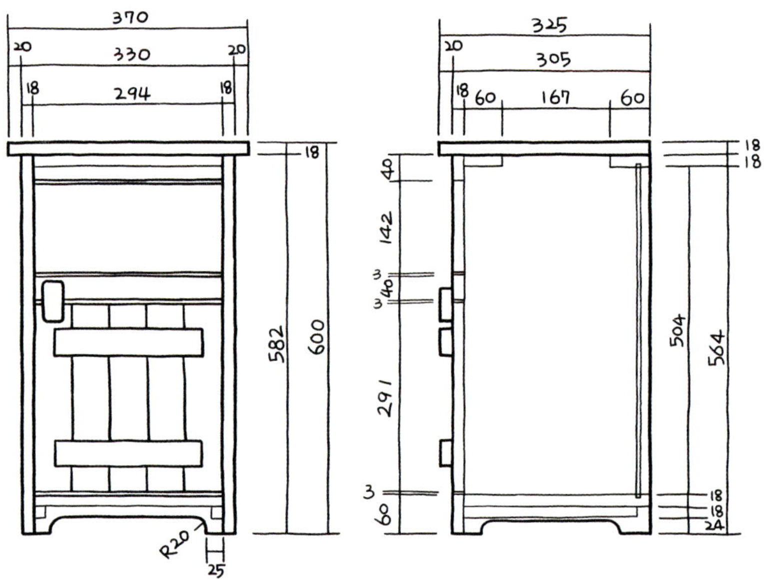

나 섬 새로운 것을 하니 역시 재미있네요. 근데 이런 제품들을 만드는 아이디어는 어떻게 해서 나오는 건가요? 자기가 필요한 것부터 만들기 시작하면 될 것 같긴 한데?

천 샘 그렇습니다. 자신이 필요로 해서 만들면 그만큼 절실할 테니 만드는 게 더 재밌어지겠죠? 만들고 난 뒤의 기쁨은 더 할 나위 없고요. 아이디어를 내는 건 좀 어려워요. 노하우가 쌓여야 가능합니다. 그래서 평상시에도 좋은 목공 제품을 보거나 자기 상상력을 건드리는 작품을 보면 사진을 찍어둔다거나(이 방법이 제일 확실하다), 메모를 해두면 좋겠죠. 마치 영화감독들이 영화를 구상하는 것 같은 이치죠. 이것도 하나의 예술작품이니까!

나 섬　아 맞다. 저도 저번에 홍대앞에서 마음에 드는 제품을 발견했는데 막상 기억해 내려고 하니 그게 쉽지 않더군요.

천 샘　맞아요. 아무리 머리가 좋다고 하더라도 세월이 흐르면 잊을 수 있는 거니까. 너무 기억력을 믿지는 말아요. 메모하는 습관을 기르세요.

나 섬　천선생님도 예전에 찍었던 영화의 대사 같은 거 기억하고 계세요?

천 샘　허허 그럴 리가. 잊은 지 오랩니다. 왜냐하면 한 작품이 끝나면 빨리 그 캐릭터로부터 빠져나와 다음 작품을 준비해야 하기 때문이에요. 샛길로 빠지는 것 같지만 어떤 미술 감독의 말이 떠오르는데요. 그는 한 번 했던 미술 세트나 구조, 설계 따위는 영화가 끝나면 싹 잊는다고 하더군요. 다음 작품에 영향을 줄까봐. 그래야 전혀 다른 상상을 할 수가 있다더군요. 뭐 저는 그 정도는 아니겠지만, 하하.

이번에는 컨트리 분리수거함이라고 이름 붙인 분리수거함 용도의 함을 만들어보자. 이름이 분리수거함이지 수납함으로도 괜찮은 것 같다. 여기서 우리가 주의깊게 공부할 것은 경첩의 종류와 세워서 문짝을 다는 방법이다.

항상 하던 대로 목록과 재료를 비교해가면서 표기한다.

가조립을 해보고.

나사못이 고정될 자리 표시를 위해서 선을 긋고 펀치로 마킹을 한다.

측판과 지판을 조립할 때 뒤판을 끼우는 홈에 유의할 것.

나사못을 고정할 자리에 본드를 바르고 고정한다.

6

다른 쪽 측판도 본드를 바른 후에 나사못으로 조립한다.

7

이 상태에서 뒤판을 끼운 후,

8

상판의 홈에 뒤판을 잘 끼운다.

9

측면에서 상판의 보조 목에 나사못을 고정한다.

10

먼저 위 문짝 쪽에 스프링 경첩을 달아 주고.

11

위 문짝이 고정될 보조 목에 경첩을 고정한다. 이 때 약 3mm 정도의 유격을 주어야 한다.

12

역시 측면에서 위 문짝이 고정될 보조 목을 나사못으로 고정한다.

13

중간 보조 목을 역시 위 문짝에서 3mm 정도 틈을 주고 본드를 발라서 고정한다.

14

앞 문짝 쪽에 먼저 경첩을 고정한다. 이 경첩은 지난번 일반 경첩과 달리 외부 노출용이기 때문에 약3mm 정도의 틈만 생각해서 고정해 준다.

15

앞 문짝을 대어보고 걸레받이의 위치를 잡는다.

16

걸레받이를 고정한 후.

17

앞 문짝을 대어보고 경첩의 위치를 연필로 표시한다.

18

앞 문짝을 고정하기 전에 파치 링(빠찌 링)의 철판 부속을 적당한 위치에 고정한다.

19

앞 문짝 끝에서부터 파치 링 몸체 부속의 두께를 잰다.

20

재어본 그 위치에 몸체 부속을 고정한다. 이때도 경첩 고정하듯 이 송곳으로 중앙에 마킹을 한 뒤에 나사못으로 고정한다.

21

파치 링의 고정 위치가 정확히 문짝 앞면이 평행이 되도록 고정이 되었는지 확인.

22

앞 문짝을 고정한다. 주의할 점은 경첩을 고정하던 방법대로 해야 한다.

23

장식용 앞 문짝 걸이 쇠를 나사못으로 고정해 주고 문짝이 잘 맞는지 테스트 해본다.

24

위 문짝의 스프링 경첩이 잘 작동되는지 확인한다.

모서리의 각진 곳을 살짝 샌드페이퍼로
갈아 주는 센스. 잊지 마세요.

25

드디어 완성!!!

우리 남편은 말이야...
우리 애가 글쎄...
어머~ 거기가 어디에요?
진짜 싸다~
거기 무슨 학원이에요?
몇등이에요?
멍~
꿔다 놓은 보릿자루

Chapter 4

실전! 실용 가구 만들기

AD-412S

1
테이블 만들기

실용 가구는 뭘까?

천 샘 실용 가구라는 게 과연 뭘까요?

나 섬 '실용'이니까. 아무래도 우리가 생활하는 데 필요한 책상, 의자, 테이블 같은 실생활에 쓰이는 가구들이지 않을까요?

천 샘 네, 정확하게 알고 계시는군요. 그렇다면 이 실용 가구들의 가장 정확한 포인트가 무엇일까요?

나 섬 글쎄요. 실용성?

천 샘 그보다 DIY라는 것은 '나만의 가구'를 만드는 것이니까... 우선은 내 신체 사이즈에 잘 맞는 가구가 제일 중요하지 않을까요?

나 섬 아, 그렇겠군요!

천 샘 예를 들어 책상에 앉았을 때 의자와 상체의 높이에 따라 책상의 상판에 팔이 올려질 때 편안한 그 정도를 찾아야 합니다. 바로 이런 게 이 실용 가구의 디자인에서 제일 중요한 점이라 할 수 있겠죠.

나 섬 맞는 말씀이십니다. '나만의 가구', '나만의 디자인' 이니까!

천 샘 그 방법은 두 가지가 있을 겁니다. 내 팔 길이, 다리 길이, 앉은 높이 등을 실측해서 결정하는 방식이 있을 수 있을 거구요, 통계상 표준으로 나와 있는 수치를 사용하는 방식이 있을 수 있겠습니다.

나 섬 아무래도 자기 신체 사이즈를 직접 고려하는 방식이 좋을 것 같은데요.

천 샘 네, 저도 그런 방식을 권하고 싶습니다. 물론 통계 데이터를 이용해도 큰 무리는 없습니다. 그렇지만 DIY라는 게 자기만의 가구를 만드는 것이 목적이기 때문에 자신의 신체에 맞는 가구를 만드는 것이 그 '정신'에 더 부합된다고 생각합니다. 그러다 보면 어느 덧 '디자인'에도 서서히 눈이 뜨일 거라고 생각되고요. 자, 그런 의미에서 자를 들고 자신의 신체 사이즈를 재어 봅시다.

천호진의 Tip

통계상 신체치수 및 상황별 치수

모든 사람들은 체격이 다르기 때문에 일괄적으로 적용하는 것은 올바른 것은 아니다. 게다가 생활 목공 DIY의 장점은 무엇보다 개별적인 사람들에게 최적화 할 수 있는 장점이 있다. 하지만 통계치와 일상 반경을 고려한 상황별 치수의 기준은 알아두는 것이 좋다.

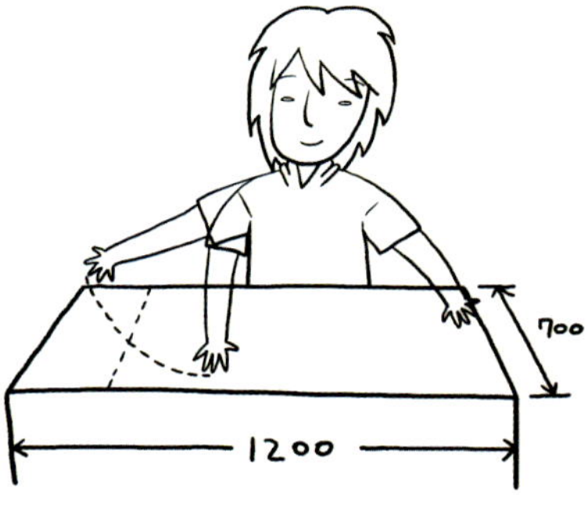

한쪽 서랍 책상

양쪽 서랍 책상

바닥 책상에

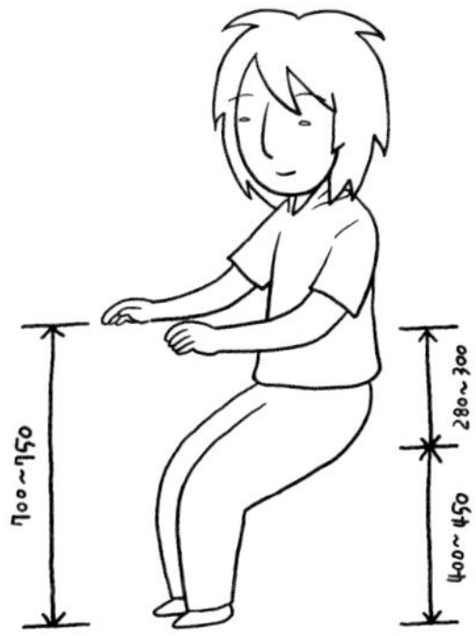

의자 작업

아일랜드 식탁

조리를 한다

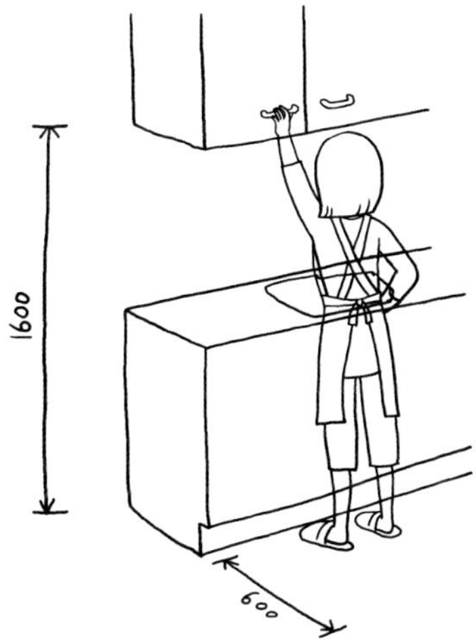

수납장을 연다

2인용 안락의자

3인용 안락의자

음...
책상 높이는
허리정도면 되고...
넓이는 음...
한쪽 팔 길이 정도...
만들고

1_1 | 하트 티 테이블

도면

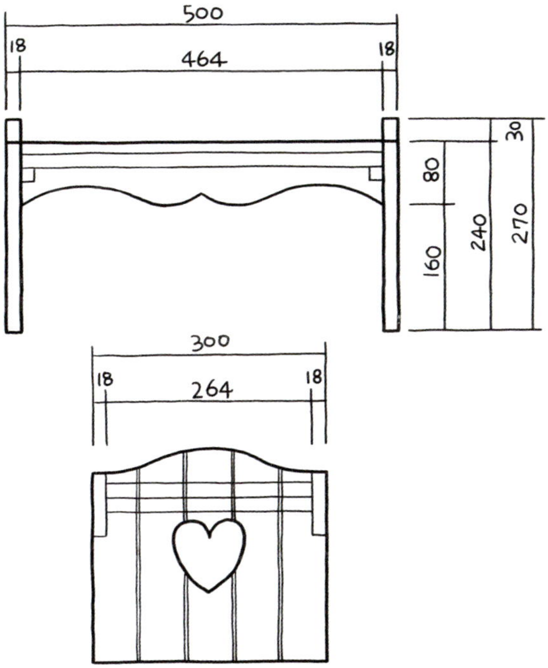

부품목록

부품명	크기(mm)	수량	자재명
장식판	464X80X18	2	미송 18T
상판	463X263X18	1	미송 18T
측판	270X300X18	2	미송 18T
상판 쫄대	230X18X18	2	미송 18T
목공용 본드		1	
조립 나사못	38	8	

천 샘 이번에는 아주 간단하게나마 좌식 티 테이블을 하나 만들어 보죠. 앉아서 글을 쓸 수도 있고, 차를 마실 수도 있는 그런 작품인 거죠. 노트북을 올려놓고 사용해도 편리한 간단한 실용 가구죠.

나 섬 아, 저에게 아주 실용적인 겁니다. 여자 친구에게 선물해야겠습니다.

천 샘 상판을 고정하는 여러 가지 방법 중에 간단한 방법 하나를 익혀보도록 하지요.

1

일단 측판 안쪽에 상판이 고정될 쫄대를 정확한 위치에 표시한다.

2

쫄대에 본드를 발라서 측판에 고정한다.(여기서는 타카를 사용했으나 나사못으로 고정해도 무방하다)

3

쫄대를 고정한 뒤의 모든 부품들.

4

가로대의 끝에 본드를 바른 뒤 측판에 나사못을 고정한다. 여기서 나사못은 각 2개씩 고정한다.

5

가로대를 양쪽으로 고정한 모습.

6

상판을 올린다.

7

전체를 뒤집어서 나사못으로 쫄대에 상판을 고정한다.(나사못의 깊이에 유의)

8

완성

1_2 | 다용도 테이블

도면

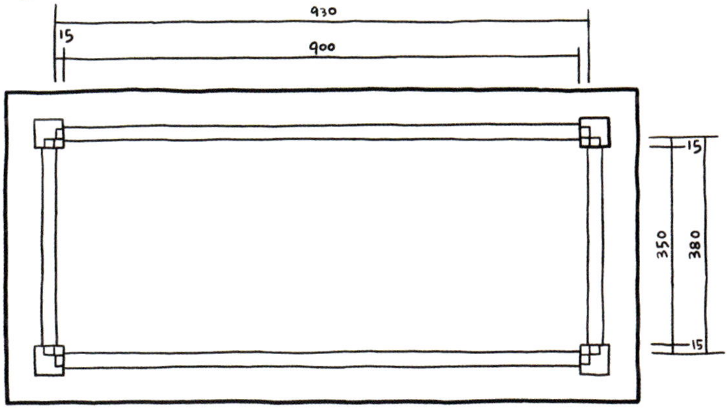

부품목록

부품명	크기(mm)	수량	자재명
상판	1100X550X18	1	미송18T
연결각재(대)	930X50X24	4	미송18T
연결각재(소)	380X50X24	4	미송18T
다리	382X50X50	4	미송50 각재
목공용 본드		1	
꺽쇠(소)		10	
꺽쇠 나사못	15	40	

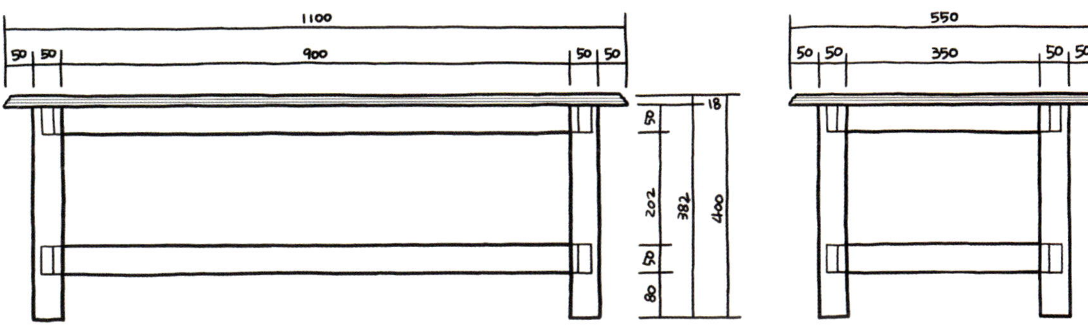

짜맞춤을 알아보자.

천 샘 자 이제 티 테이블 정도는 편하게 조립이 되시죠?

나 섬 예 ! 점점 가구를 만들어간다는 느낌이 드네요. 그런데 한가지 의문점은 오히려 소품을 만들 때보다 부속들은 가지 수들이 적네요.

천 샘 네 그런 느낌이 드실 겁니다. 몇 번 이야기했듯이 중요한 부분들은 우리가 가공을 해서 소비자들이 쉽게 조립을 할 수 있도록 준비를 해주기 때문이죠. 소품들과 달리 주의해야 할 사항이 실용 가구는 우리 몸을 가구가 받쳐야 하는 형태이기 때문에 공간박스에서 배웠듯이 힘을 받는 구조적인 문제를 신경 써서 디자인하고 조립방법을 찾아야 합니다. 또 점점 부속들이 커지면서 보조공구들도 필요한 경우가 생기구요.

나 섬 그렇군요.

천 샘 실용 가구라 해도 디자인에 따라 훨씬 복잡해질 수 있습니다. 정신 바짝 차리세요.

나 섬 넵!

천 샘 하하, 너무 긴장하지는 마세요. 농담한 겁니다. 편안한 마음으로 갑시다.

이번에는 다용도 테이블을 만들어 보겠습니다.

천 샘 일단 목록을 보고 재료를 확인합니다. 여기서 좀 기존의 부품들과 좀 다른 점을 느끼셨나요?

나 섬 예. 각재에 무슨 홈이 파여져 있는 것 같은데요.

천 샘 예 이번에는 짜맞춤의 가장 기본적인 공법으로 테이블을 만들어 보겠습니다.

나 섬 짜맞춤이요?

천 샘 예, 서로 연결될 부품을 한쪽은 암놈, 한쪽은 수놈을 만들어서 본드를 발라서 끼워 넣고 굳히는 방식이죠.

나 섬 그럼 나사못 조립과의 차이점은 뭔가요?

천 샘 어떤 조립 방법이 딱히 훨씬 좋다 나쁘다고 단언하기는 사실 무리가 있습니다. 그러나 굳이 비교를 하자면 정확한 짜맞춤 가구 같은 경우는 나무의 수축팽창을 고려해서 만들어지면 가구가 틀어질 때를 대비하거나, 미적인 면에서 더 좋다고 할 수 있겠죠. 굳이 단점을 꼽자면 일반 가정에서 DIY 로는 정확한 가공이 쉽지는 않다는 점입니다. 그래서 일단 공부를 한 뒤에 필요한 부분에 대해서는 저희 같은 업체에 의뢰해서 만드는 방법이 있겠죠. 나사못 조립의 경우나 짜맞춤이나 나름의 장단점이 있으니 본인의 선택이 가장 중요합니다. 일단 여기서 짜맞춤에 대해서 공부해 보고 판단을 하시죠.

나 섬 예.

1

일단 가조립을 해본다. 서로 파진 홈들이 마주 보게 배치를 한다. 맞춤의 상태가 빡빡하게 서로 들어갈 정도로 잘 가공이 되었는지 확인한다.

2

일단 양쪽 다리를 네모 형태로 만들기 위해서 아래 위 짧은 연결 각재를 연결한다. (홈의 방향에 주의한다)

3

다리 하나를 각 홈에 끼우고 조립한다. 빡빡해서 손으로 잘 들어가지 않을 경우는 나무 조각을 하나 대고 망치로 살살 때리면서 집어넣는다.

4

또 한가지 방법은 직각자를 네 귀에 대어보고 직각을 잡는 것이다.

네모의 형태가 정확히 잡혔는지는 대각선의 길이를 재어 보면 정확하게 알 수가 있다. 만약 대각선 길이가 정확하지 않으면 긴 쪽을 조금씩 힘을 주어 대각선 방향으로 찌그러뜨리면서 대각선 길이가 일치하도록 맞춘다.

5

긴 쪽의 보조 목을 본드를 바른 후 한 쪽 다리의 네 구멍에 끼워 넣는다. 그리고 다른 쪽 조립된 다리의 네 구멍에 같은 방법으로 끼워 넣는다.

6

그 상태에서 각기 물린 쪽을 클램프로 고정을 시켜서 본드가 완전히 굳도록 약 2시간 정도 물려둔다. 이 때, 대각선의 길이를 재어서 사각형을 확인하는 것을 잊으면 안된다!

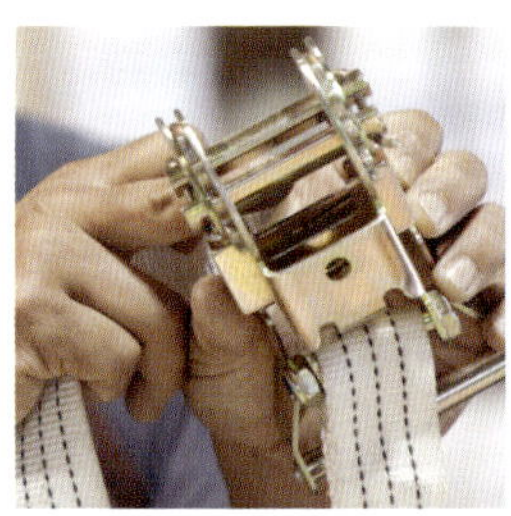

만약 이런 고가의 클램프가 종류별로 없다면 다음과 같은 방법으로도 고정할 수 있다.
이런나무 조각과밴드 클램프만 있으면 된다.밴드 클램프는 원래화물차등에서 짐을 싣고 묶을 때쓰는 용도인데 이렇게 응용할 수가 있는 것이다.

7

위 면을 점검해서 평면이 아니고, 튀어 나와 있다면 본드가 굳기 전에 나무를 대고 망치로 때려서 면을 맞춘다. 그래야 상판을 올렸을 때 모든 면이 들뜨지 않고 잘 붙을 수가 있다.

8

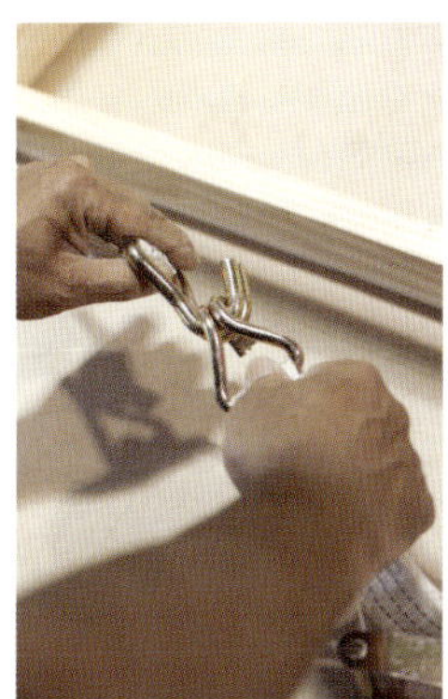

일단 다리 틀을 뒤집어 놓고 위의 나무 조각을 네 귀퉁이에 대어준다. 그리고 밴드 클램프를 풀어서 네 귀를 감아준다. 그리고 고리를 걸어서 천천히 조이기 시작한다.

세워서 꽉 조인다. 마지막으로 대각선을 재어서 직각을 확인한다. 그 상태로 약 2시간 정도 본드를 굳힌다.

천호진의 Tip

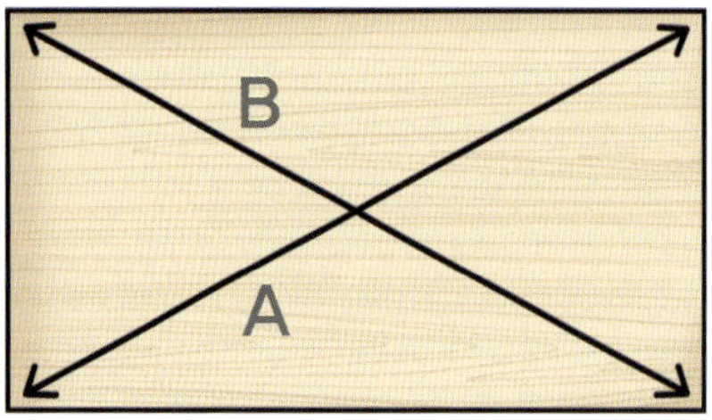

A=B

대각선의 길이를 재어서 똑같으면
정확한 사각형이다.

10

상판을 뒤집어 놓는다. 그 위에 조립된 다리 틀을 뒤집어 올린다.

11

네 귀퉁이의 거리를 똑같이 조정하고 연필로 표시한다.

12

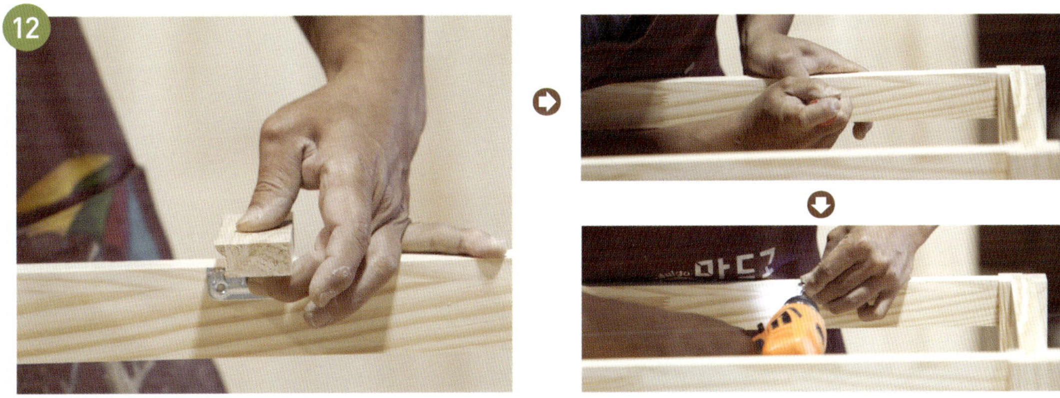

꺽쇠를 고정할 자리에 나무를 위에 대고 평면을 잡고 연필로 나사못 구멍을 표시한다. 다시 송곳으로 마킹한 뒤에 다리 안쪽에 꺽쇠를 고정한다.

13

다리 안쪽에 6개의 모든 꺽쇠를 동일한 방법으로 고정한 뒤 아까 표시한 상판의 자리에 뒤집어서 올려놓는다. 상판에 꺽쇠를 나사못으로 고정한다.

모든 꺽쇠가 조립된 모습.

완성! 이런! 그런데 뒤집어 보니 나사못이 상판을 뚫고 나왔다.

나 섬　아니 이렇게되면, 제대로 역할을 못할 것 같은데요? 어떻게 하죠?.

천 샘　하하, 걱정하지 마세요. 다 방법이 있습니다. 다시 풀어서 짧은 나사못으로 고정을 해야죠.

나 섬　그런데 그게 여의치 않으면요?

천 샘　그렇다면 이렇게 처리하면 됩니다.

천호진의 Tip

나무의 흠결을 감추는 방법

1. 쇠줄을 이용해서 갈아 낸다.
2. 면에 평면이 되도록 갈아 줬다.
3. 목재 우드 필러*로 한번 메운 뒤에 사포질을 한다.

*우드 필러(Wood Filler)

우드 필러를 이용해서 나무의 상처를 메우면 상당히 감쪽같이 나무의 상처 등을 없앨 수 있다. 나무에 색조를 맞춘 다양한 제품이 나와 있다.

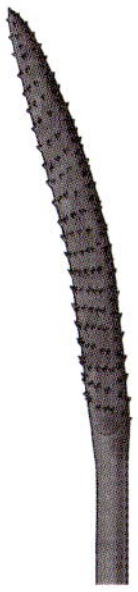

목재용 줄이 있다. 목재용 줄은 다음과 같이 성형할 수 있다.

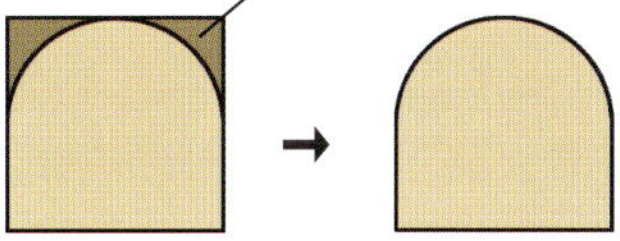

16

전동 사포로 사포질을 한다. 마스크는 꼭 착용하도록 한다. (전동 사포를 사용하더라도 결 방향대로 사포를 한다.)

17

몰딩 처리된 부분은 사포를 손으로 접어서 곡면을 따라서 손으로 사포질을 한다. 결 반대로 처리된 몰딩 부분은 거칠게 나온다. 그래서 나중에 칠을 균일하게 해주기 위해서 미리 사포를 꼼꼼하게 해준다.

18

사포질을 한 가루는 진공청소기로 빨아들이든가 촉촉하게 젖은 수건으로 닦아낸다. (촉촉하게 젖은 수건으로 닦으라는 이유는 나중에 칠에서 Raise The Grain(결을 일으켜 세운다) 이라는 단원에서 설명을 하겠다.)

19

드디어 완성 (깨끗하다!)

천 샘 자 또 하나의 작품이 완성되었네요. 어떠셨는지요. 기존의 나사못 조립과 짜맞춤 방식이요.

나 섬 드디어 제가 목공을 한다는 느낌이 드는데요. 제 스스로가 앞으로는 전부 이런 방식으로만 하면 제대로 손맛을 느낄 것 같은데요. 그리고 이런 식의 테이블이라면 여자친구와 단둘이 차라도 한 잔 하고 싶다는 생각이 듭니다. 제가 만든 테이블에서 여자 친구와 차를 마신다니 벌써부터 기분이 좋아지는데요.

천 샘 하하, 네. 여자 친구와 싸우지 말고 정답게 지내세요. 사랑은 아름다운 겁니다.

천 샘 어쩌면 바로 그 느낌 때문에 짜맞춤을 하는 거죠. 생활 속에서 자신이 직접 만든 가구들을 이용하는 쾌감은 만드는 쾌감 못지않을 거라고 자부합니다. 그래서 제가 일전에 말씀드렸듯이 반드시 낚시질 하듯 '손맛' 만 고집한다는 것도 DIY에서는 맞지 않는다고 생각합니다. 얼마든지 좋은 하드웨어를 사용해서 기능성을 살릴 수 있는데 무리하게 고집을 할 필요는 없는 거거든요. 그런 하드웨어를 잘 조합해서 사용해 보는 재미가 아주 쏠쏠한데 그걸 포기할 순 없죠! 하하. 여하튼 짜맞춤에 입문하신 것을 축하드립니다.

1_3 | 꿈나무 서랍 책상

도면

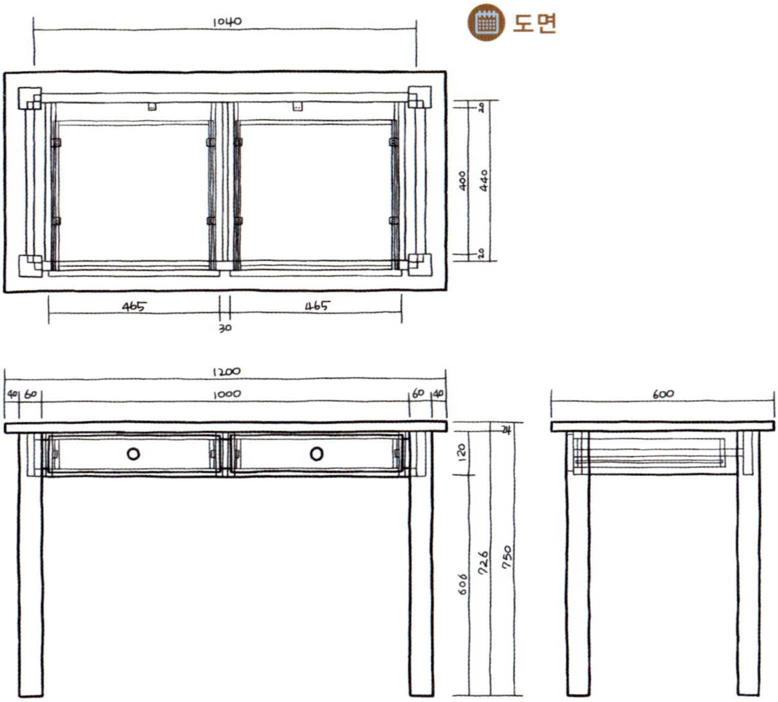

부품목록

부품명	크기(mm)	수량	자재명
상판	1200X600X24	1	시더24T
연결각재(대)	1040X120X24	1	시더24T
연결각재(앞-쇠목)	1040X20X24	2	시더24T
연결각재(소)	440X120X24	2	시더24T
연결각재(앞-동자)	50X80X24	3	시더24T
서랍 앞판	465X100X18	2	시더18T
서랍 측판	436X120X18	4	시더18T
서랍 레일	431X10X18	4	시더18T
서랍통 앞뒷판	410X70X12	4	시더12T
서랍통 측판	410X70X12	4	시더12T
서랍통 지판	396X420X4.8	2	미송합판
다리	726X60X60	4	시더60각재
목공용 본드		1	
꺽쇠(중)		8	
꺽쇠 나사못	15	32	
원목둥근손잡이(소)	Ø 25	2	
손잡이 볼트	35	2	

천 샘 이번에는 서랍이 달려있는 가장 기본적인 형태의 의자에 앉아서 쓸 수 있는 책상을 만들어 보려합니다. 이제야 슬슬 가구를 만드는 느낌이 드실 것 같은데요?

나 섬 네! 이제 진짜로 가구를 만든다는 생각이 드는데요. 아이들에게도 만들어주면 저절로 공부가 될 것 같아요. 아버지가 만들어준 나무 책상과 의자라.

천 샘 튼튼하게만 만들면 대물림도 가능하구요. 그렇지만 너무 흥분하지 마세요. 어찌 보면 지금까지의 소품보다도 더 싱거울 수도 있습니다. 왜냐면 중요부품들과 구조적으로 해결해야 할 부분들은 미리 조립이 된 상태에서 배송이 되기 때문입니다.

나 섬　그러면 재미없잖아요.

천 샘　또 제가 드린 말씀을 잊으셨군요. 현재 우리나라에서 목공을 접할 수 있는 길이 두 가지라 생각합니다. 첫째는 구조적인 문제 등을 해결할 수 있으면 본인이 직접 디자인해서 절단을 의뢰하고 직접 모든 부품을 가공하는 방법. 둘째는 디자인만 자신의 느낌대로 해서 각기 중요부품들의 가공을 의뢰해서 조립만 하는 방법. 이렇게 두 가지가 있다고 생각합니다. 우리나라의 생활공간이 아파트 문화이기 때문에 목공을 하려면 소음과 진동 등이 큰 문제가 됩니다.
그래서 그런 부분들을 저희가 해결을 해 드리는 거죠. 그렇다고 해서 내가 만든 가구가 아니라는 생각은 하면 안 된다고 생각합니다. 분명히 내가 디자인을 했기 때문이죠.

나 섬　음! 일리가 있는 말씀인데요. 이상과 현실의 차이를 말씀하시는 것 같은데요.

천 샘　그렇게 얘기하면 너무 잔인하구요. 도움을 받는 것을 주저하지 말라는 뜻입니다. 어차피 선생님의 머릿속에서 나온 디자인이니까!

나 섬 알겠습니다. 그래도 빨리 만들어 보고 싶은데요. ㅎㅎ

천 샘 알겠습니다. 이번에는 나중에 말씀드릴 칠을 시도해 보면서 진행하도록 하죠.

나 섬 아 칠이요. 좋습니다.

천 샘 다시 한 번 말씀드리지만 칠은 조립과 별개의 분야이면서도 같이 연결된 분야라는 것을 이 장에서 느끼셨으면 좋겠네요.

나 섬 별개의 분야이면서 연결된 분야라……. 상당히 아리송한데요.

천 샘 그건 실제로 해보시면 느끼실 수 있습니다. 자 출발합니다.

1

일단 부품 목록과 부품들을 확인하고 가조립 한다.

2

서랍이 달린 틀과 마주보게 되는 측판 부속의 안쪽을 먼저 샌딩한다.

3

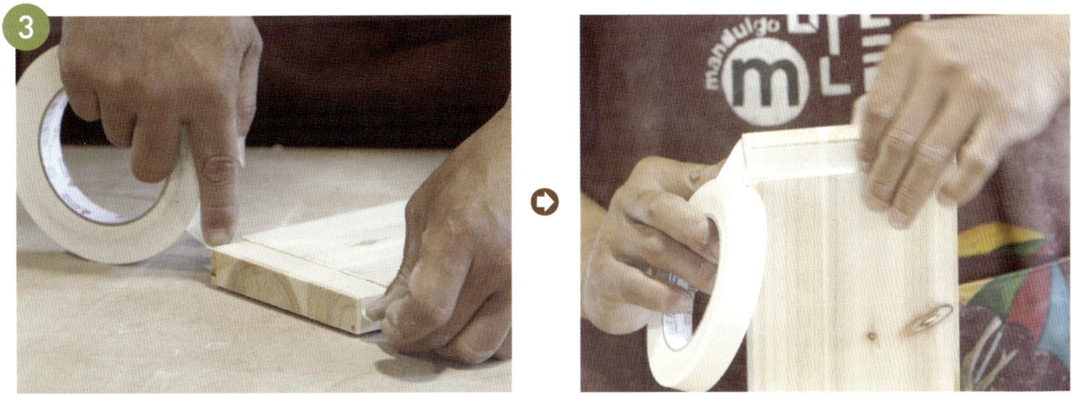

본드가 칠해질 측 부분을 마스킹 테이프로 감싼다. 이유는 칠이 묻으면 본드가 묻어도 본드의 역할을 못하니까 칠이 묻지 않도록 방지해 준다.

4

마스킹 테이프를 붙이고 샌딩한 면에 수성 바니쉬를 칠한다.(두 번 정도 한번 칠하고 완전히 마른 뒤에 고운 샌드페이퍼(320번 정도)로 살짝 거친 면만 다듬는 정도로 샌딩하고 두 번째 칠 한다)

나 섬 아니 왜 조립도 다 안했는데 칠을 먼저 하죠?

천 샘 아, 일단 해보세요. 배우는 것은 조금 천천히 하도록 하지요. 그 이유는 잠시만 기다리시면 알게 됩니다.

나 섬 넵.

5

칠이 완전히 마른 후에 마스킹 테이프를 풀어내고 조립될 쪽에 본드를 칠한다.

6

다리 2개를 서로 끼워 맞춘 뒤

7

본드가 삐져나올 정도로 충분히 칠해야 한다.

8

삐져나온 본드는 젖은 수건으로 깨끗이 닦아준다.

9

클램프로 고정해 놓은 상태에서 다리가 사각이 잘 잡혔는지 대각선을 확인

10

같은 방법으로 다리 2개를 조립한다.

11

자세히 보면 서랍 틀 자체에 끼워 맞출 수 있도록 촉이 있다. 이것을 미리 조립한 다리의 홈에 끼워 맞춘다.

천샘 자 여기서 아까 미리 칠한 이유가 짐작이 가시나요?

나섬 아~~ 예 ! 이중구조가 되어서 완전히 조립한 뒤에는 안쪽을 칠을 할 수가 없기 때문이 군요.

천샘 빙고! 맞습니다. 이제 칠과 조립이 서로 다른 분야이면서 연결된 분야라는 뜻을 아시겠죠? 꼭 이중 구조가 아니더라도 사실은 조립 전에 각 부품을 칠을 하고 조립하는 것이 맞는 순서랍니다. 조립을 완전히 해놓은 뒤에는 칠을 깨끗이 할 수 없는 부분이 반드시 생긴답니다. 현실적으로 그렇게 조립하라고 해도 그대로 진행하는 분들이 많지는 않더군요. 그렇지만 원칙이 그렇다는 것을 알아주셨으면 하네요. 잘 만들어 진 작품이 2% 부족해 보이는 이유가 바로 이런 순서를 제대로 지키지 않았기 때문입니다. 칠이 제대로 나오지 않게 되거든요.

나섬 옙! 앞으로 좀 더 꼼꼼하게 조립 전에 생각을 해야겠군요.

천샘 자 계속 갑니다.

12

전체를 뒤집어서 서랍 틀과 다리를 배치해본다.

13

14

이제 본드가 굳을 동안에 상판의 안쪽을 샌딩해 준다.

각 홈에 본드를 충분히 칠한 후에 서랍 틀을 끼워 맞추고 클램프로 고정을 해준다. 이때 완전히 꽉 조이기 전에 나무 조각을 하나 대고 망치로 살살 때리면서 상판이 붙을 자리의 평면을 잡아준다.

15

본드가 굳은 뒤에 몸체를 뒤집어서 상판에 놓고 네 귀퉁이의 자리를 잡아준다.(연필로 자리 표시)

16

상판의 뒷면에 수성 바니쉬를 먼저와 같은 방법으로 2번 칠해준다.

17

상판이 마르는 동안 몸체에 상판고정을 위한 꺽쇠를 고정한다.(방법은 다용도 테이블에서 설명을 했다) 단 여기서 옆판 쪽은 아직 고정시키지 않는다.

18

옆면은 일단 송곳 등으로 마킹만 해 둔다.

19

이제 옆면에 수성 바니쉬를 칠한다.

20

바니쉬가 완전히 마른 뒤에 꺽쇠를 고정한다. (꺽쇠를 고정하고 칠하면 꺽쇠위에 칠이 묻지 않을 수 없기 때문에 칠을 먼저하고 꺽쇠를 고정한다. 여기서 완성도의 2% 부족의 차이가 나는 것이다)

21

이제 상판과 몸체를 꺽쇠에 나사못으로 고정한다.

이제부터는 칠이다.

22

상판 샌딩을 해준다. (약 220번 정도 샌드페이퍼 사용)

23

서랍 앞 판의 손잡이도 빼서 앞면을 샌딩한다.

24

샌딩한 가루도 털어낼 겸해서 촉촉하게 젖은 수건으로 상판을 닦아준다.(나중에 얘기하겠지만 이 과정이 사실 중요하다. 칠을 시작하기 전에 나무가 칠을 받아들일 준비를 해주어야한다. 이 과정이 Raise the Grain(결을 일으켜 세운다)이라는 과정이다. 사실 중요한 과정인데 간과해버린다. 이 부분의 개념은 칠에서 상세히 알려드리겠다.

25

그렇게 물을 말리고 나면 분명히 표면이 다시 거칠어져 있을 것이다. 이것을 샌드페이퍼 320번 정도로 손으로 살살 문질러서(결 방향으로 샌딩은 항상 결 방향으로.) 표면을 매끄럽게 한다.

26

밑에 받침을 하나 해주고 책상을 올린다. 다리 부분을 칠할 것을 염두에 두어서이다.

27

구석구석 꼼꼼하게 안쪽에서 바깥쪽으로 칠을 한다.

28

상판을 결 방향대로 붓으로 칠해 나간다.

29

붓끝이 나가는 방향에 유의!

30

한번 칠했을 때

31

두 번 칠했을 때

32

드디어 완성!!!

천 샘 자! 어떤가요?

나 섬 아 신이시여 정녕 제가 이것을 만들었단 말입니까?

천 샘 하하 어디 영화에서 많이 들어본 말 같은데요?

나 섬 이제야 여자 친구에게 면이 좀 서겠는데요? 티 테이블에, 책상에. 더군다나 색을 미리 칠해야 하는 이유를 알게 되니까 더 확실히 감이 와 닿는 거 같아요!

천 샘 처음에 완성도가 있게끔 칠을 한 다음에 저도 그런 느낌을 받았었죠. 어떠세요? 공들이면 공들인 만큼 나무는 보답한다는 말이 이해가 되시나요?

나 섬 예 이렇게 칠을 해보니 그 말이 완전히 이해가 되는 것 같아요. 살아있는 나무와 어떤 교감을 한다는 느낌마저 들고요.

천 샘 그렇습니다. 이렇게 생활 목공 DIY를 하면서 나무와 함께 '삶' 을 사는 것이죠. 이렇게 고생했지만, 한 번만 느껴보면 되는데 그 느낌을 받는 동안 기다리지를 못해서 실패하시는 분들을 보면 안타까운 마음이 들 때가 한 두 번이 아니었습니다. 그래서 동영상 강좌도 하고 이렇게 자격이 부족하지만 주제넘게 책도 내고 해보는 것이죠. 이런 부분들은 혼자 해내기 힘들고 누군가가 가르쳐 주어야 하기 때문이에요.

나 섬 저 같은 사람에겐 정말 좋은 매뉴얼이자 지침서가 될 것 같아요. 근데 더 두껍고 무거운 나무를 사용할 때는 어떻게 고정할 수 있죠? 그런 제품도 있나요?

천 샘 아 물론 많죠. 그중의 하나를 소개해드리죠.

POINT

상판 고정 브라켓 사용법

천 샘 그림만 봐도 이해가 되시죠?

나 섬 딱 보니 알겠네요. 네 재미있네요.

천 샘 네! 상상하는 것과 똑같은 하드웨어는 열심히 찾으면 어디에나 있어요.

나 섬 또 하나 알게 됐군요.

천 샘 하나 더 알려드리죠. 이렇게 끼워 맞춤을 할 때 그 홈을 어떻게 만드는지 알아 봅시다.

나 섬 아 예 . 그것만 정확히 알아도 응용범위가 넓겠군요.

천 샘 예! 제가 이래서 나섬씨에게 하나하나 알려드릴 때마다 저도 보람을 느낀다니까요. 하하하.

POINT

장부 구멍 따기

나무의 센터를 잡는다.

끼워 넣을 축의 두께를 결정하고 표시한다.

끼워 넣을 축의 두께보다 조금 작은 드릴비트로 축의 깊이만큼 일렬로 구멍을 뚫는다.

끌로 선을 따라 따낸다.

결과물

천 샘　어떠세요? 그리 어렵진 않아 보이죠?

나 섬　네. 그런데 많은 연습은 필요하겠군요.

천 샘　저희 같은 공장에서는 대량으로 만들어야 하기 때문에 다음과 같은 기계 (각끌기*)로 한답니다.

천 샘　자 오늘은 소주를 한 잔 하러 갈까요?

나 섬　좋지요!

여기서는 가공업체에서 만든 서랍레일을 사용했다. 예전에 레일 하드웨어가 없었을 때 사용하던 방법인데 그래서 그런지 요즘도 앤

* 각끌기 사용모습

티크 형 가구에서는 고풍스럽게 보이기위해서 그대로 나무 레일로 쓴다. 그렇지만 요즘은 3단 서랍 레일이라는 좋은 하드웨어가 있기 때문에 그것을 사용하기를 권한다.

사실 나무 레일로 하기에는 나무의 수축과 팽창을 고려해서 일정한 유격을 주어야 하기 때문에 가공이 까다롭다. 또 반면에 3단 서랍 레일은 장착을 하기 위해서 반드시 알아야할 기술적인 점이 있다. 아래 설명을 참고하시길 바란다.

천호진의 Tip

3단 서랍 레일 달기 개념도

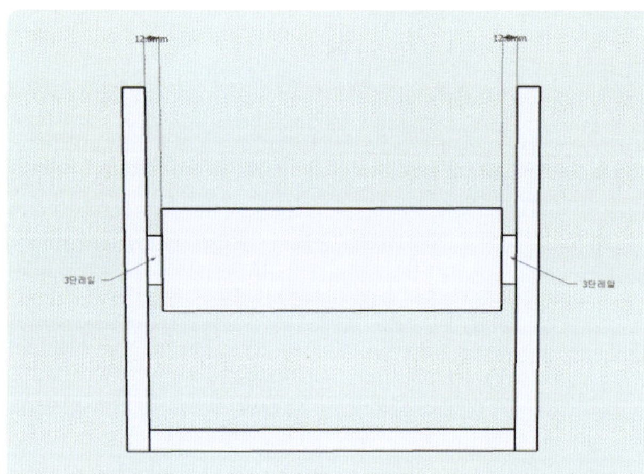

여기서 보듯이 레일 한 개의 두께가 정확히는 12.5mm이다. 그래서 양쪽의 합이 12.5X2=25mm이다. 즉, 전체내경에서 25mm를 뺀 값이 서랍 통 내경이 된다. 그러나 실제로는 레일 한 개의 두께를 13mm로 계산해서 26mm를 빼낸 뒤, 내경을 정하기를 권한다. 그 이유는 수축과 팽창 때문이다.

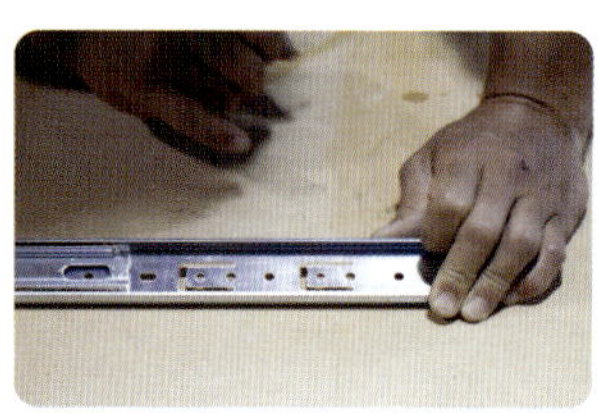

DVD-3단 서랍 레일 편 참고

2

스툴 만들기

2_1 | 사각 스툴

도면

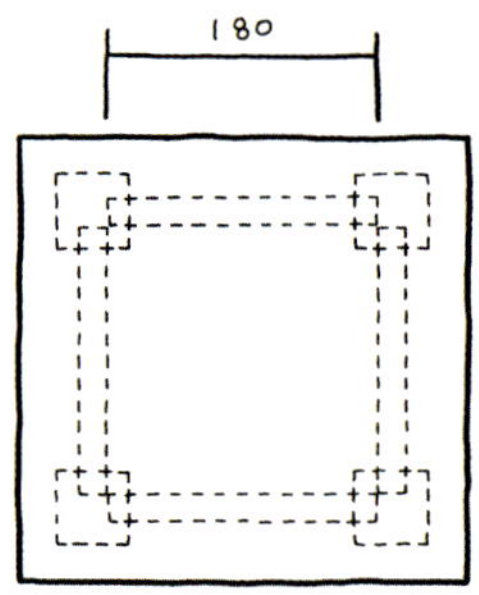

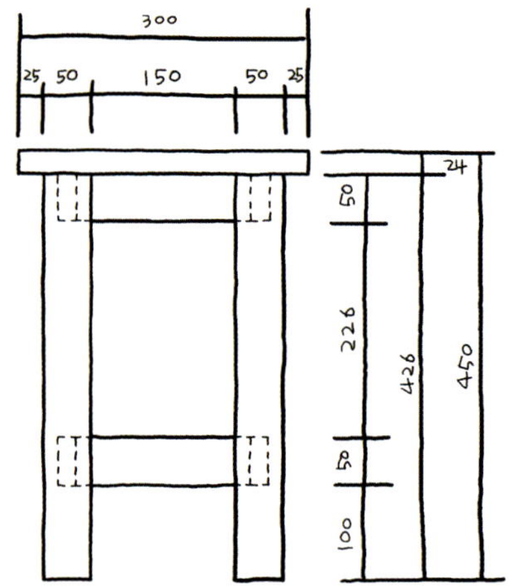

부품목록

부품명	크기(mm)	수량	자재명
상판	300X300X24	1	미송24T
연결각재	180X50X18	8	미송18T
다리	426X50X50	4	미송50 각재
목공용 본드		1	
꺽쇠(소)	32	4	
꺽쇠용 나사못	15	16	

나 섬 천선생님 이제 책상을 만들었는데 의자도 만들어 봐야하지 않을까요?

천 샘 네 그렇죠. 오늘은 아주 간단하게 만들 수 있는 스툴Stool을 만들어 볼까 해요.

나 섬 오 스툴이라?

천 샘 의자의 한 종류로 시작된 스툴은 이집트 시대까지 기원이 거슬러 올라가더군요. 한 마디로 전통이 있는 녀석이죠. 우리가 만들려는 것은 등받이 없이 간단하게 걸터앉을 수 있는 스툴이라 할 수 있겠지요. 요즘에는 다양한 용도로 스툴을 사용해서 인테리어에도 다양하게 응용하더군요.

나 섬 이것도 그럼 어떤 개념을 잡는 건가요?

천 샘 네 그렇습니다. 이 스툴을 만들어보면 의자라는 개념을 쉽게 잡을 수 있을 겁니다.

먼저 사각형태의 스툴을 만들어 보겠습니다. 여러 가지 다양한 결합 방식이 있겠지만 오늘은 짜맞춤 방식의 연결로 그대로 진행해 보겠습니다.

1

먼저 목록과 재료를 놓고 확인 작업 후에 가조립까지 해본다.

2

나중에 샌딩하기 어려운 부분은 미리 샌딩을 해준다.

3

각 결합부분에 본드를 충분히 바르고 사각형으로 결합한다.

4

삐져나온 본드는 젖은 천으로 깨끗이 닦아준다.

5

사각이 정확하게 조립이 됐는지 확인하려면 대각선의 길이를 재면된다.

6

상판을 고정하기 위해서 꺽쇠를 고정한다.

7

상판에 뒤집어 놓고 네 귀의 거리를 똑같게 표시한다.

8

상판에 꺽쇠를 고정한다.

9

완성

2_2 | 이솝 빈티지 스툴

보조 목 활용과 다리 부분을 만드는 것에 집중해 보시길!

도면

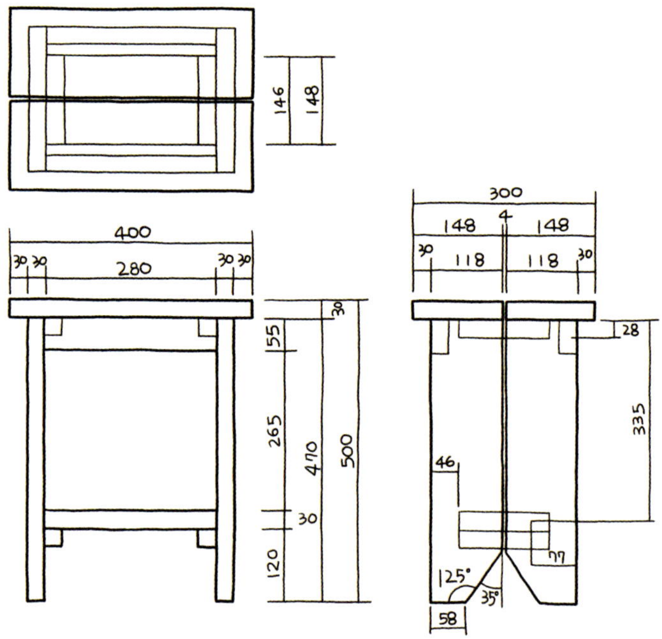

부품목록

부품명	크기(mm)	수량	자재명
상판	400X148X30	2	빈티지사스나30T
다리	470X118X30	4	빈티지사스나30T
선반	280X148X30	1	빈티지사스나30T
연결각재	280X55X30	2	빈티지사스나30T
상판/선반 쫄대	146X30X30	4	사스나30T
목공용 본드		1	
조립 나사못	50	8	
상판 연결 나사못	38	4	
꺽쇠(중)		4	
꺽쇠용 나사못	15	16	

천 샘 어때요 스툴은 간단하게 조립할 수 있었죠?

나 섬 예! 아니 이렇게 편하게 가도 되나요?

천 샘 벌써 나섬씨가 그만큼 노하우가 쌓였다는 뜻인데요. 뭘.

그럼 내친 김에 하나 더 만들어 볼까요?

천 샘 이번에는 그냥 하나의 판재가 아니라 두 개의 좁은 판재를 약 3mm 정도로 틈을 주어서 서로 연결해서 한 장의 판재같이 쓸 수 있는 디자인의 스툴입니다. 여기서 그 보조 목을 사용하는 것이 포인트이죠. 디자인상으로 그렇게도 할 수 있다는 것을 말씀드리고 싶네요. 이 기법도 응용하기에 따라 얼마든지 다른 형태로 디자인할 수 있는 좋은 기법이라 생각합니다.

1

부속을 확인 한다

2

측판에 붙은 보조 목이 보이시죠? 두께의 판재를 약 3mm 틈을 주고 고정해서 배송된답니다.

3

이런 형태로 가조립을 해 본다.

4

상판을 고정시킬 연결 각재

5

상판 고정할 꺽쇠를 미리 연결각재에 고정한다.

6

바깥쪽에서 나사못을 고정할 자리를 표시하기 위해 부재를 대고 선을 긋는다.

7

프리홀을 뚫고 나사못으로 고정한다.

8

상판에 다리를 뒤집어놓고 자리를 잡는다. 상판에 꺽쇠를 고정한다.(여기서 상판의 두 부재의 틈을 다리의 두 부재가 벌어진 만큼 똑같이 틈을 주는 것이 포인트다. 다음 사진과 같이.

9

똑같이 틈을 준다.

10

완성!

거친 면의 빈티지형 스툴도 약하게 샌딩 후 칠하면 다음과 같이 된다.

칠을 한 모습 (여기 칠은 우리나라 전통 칠인 옻을 정제해서 예민한 사람도 옻을 안타게 만든 순수 우리 기술로 개발한 수성 옻 바니쉬다.)

2_3 | 아일랜드 스툴

도면

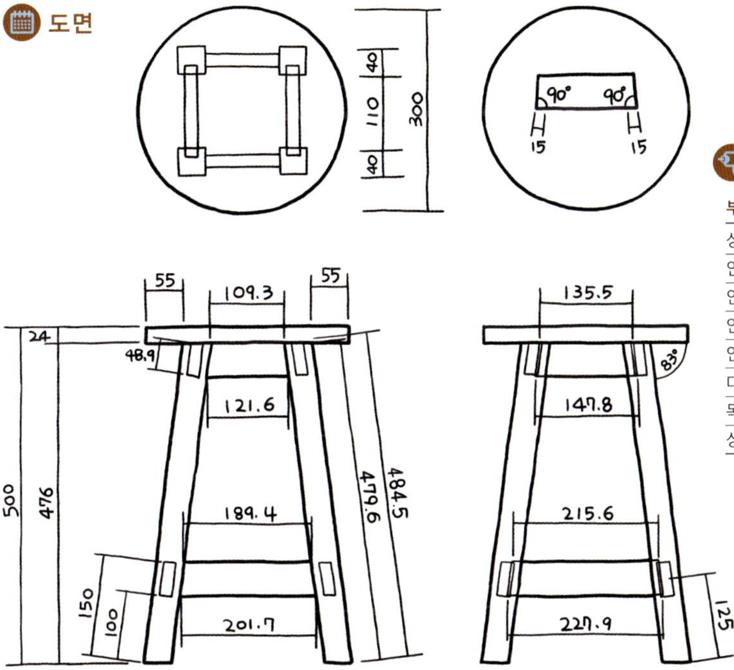

부품목록

부품명	크기(mm)	수량	자재명
상판	300X300X24	1	미송24T
연결각재(하-장부)	228X50X18	2	미송18T
연결각재(하)	202X50X18	2	미송18T
연결각재(상-장부)	148X50X18	2	미송18T
연결각재(상)	122X50X18	2	미송18T
다리	495X40X40	4	미송40각재
목공용 본드		1	
상판연결 나사못	50	4	

이번 가구는 매우 간단하지만 실제로 각을 만들어 내는 것은 상당히 어려운 부분이다. 아일랜드 스툴은 그 부분에 주의해서 작업을 하면 된다. 만약 그런 부분의 완성도가 떨어지면 의자는 불편해 질 것이다. 사실 의자를 만들고 또 그 각을 편하게 운영하는 것은 초보자에게 매우 어려운 작업이다. 그래서 스툴로 대신한다. 다양한 스툴을 만들어 보면 어느새 등받이 의자를 만들 수 있는 수준이 될 것이다.

천 샘 오늘은 아주 진도가 빠르네요.

나 섬 예! 이제는 제가 진짜 목수가 된 것 같습니다. ㅎㅎ.

천 샘 좋습니다. 발전하시는 모습을 보니 저도 기분이 좋군요. 아주 보기 좋아요!

천 샘 자 이제 마지막으로 아일랜드 스툴을 만들어보겠습니다.

나 섬 벌써 마지막이라고요?

천 샘 네!

나 섬 아니 저는 하산할 준비가 전혀 안됐는데, 아직 더 배우고 싶습니다.

천 샘 사실 입문의 경우에는 더 이상은 저도 가르쳐드릴 것이 없네요. 제 공부가 짧은 탓에요.

나 섬 저런, 겸손의 말씀이십니다.

천 샘 하하, 네. 그래도 이 정도면 누구에게도 빠지지는 않을 정도의 지식이라고 생각합니다. 그 이후에는 본인의 노력여하에 따라 발전을 하던가, 아니면 그 자리에 앉아 있던가 하겠죠. 제 말이 무책임하게 들릴 수도 있겠지만 사실인걸요. 대신에 저랑 인터넷 사이트를 통해서 계속적으로 같이 공부하면 어떨까요?

나 섬 그래도.

천 샘 회자정리의 법칙이죠. 올라갔으면 내려와야 하고 만났으면 또 헤어지고 하하.
저도 그동안 나섬씨와 정이 들었나 봅니다. 이런 애기를 하는 것을 보니까요.
자 ! 더 할 애기는 나중에 하고 만들어 볼까요?

일단 이 아일랜드 스툴은 각이 져 있다. 모든 가구가 그렇지만 디자인이 한가지 추가될 때마다 손은 열 번 이상이 간다. 일전에 애기했던 "열 번 재고 한번 절단하라"는 의미와 비슷하다고 할까? 이 말은 몇 번을 강조해도 지나치지 않은 말이리라. 그래서 디자인의 대가들의 책을 보면 가끔 "디자인은 첨가의 묘가 아니라 빼는 묘미다"라고 하는 말이 지금에서야 나도 이해가 조금 된다. 즉, 의자 같은 경우는 가구 중에서도 가장 어렵다고 얘기들을 한다. 그 이유는 보기에는 간단해 보이면서도 특히 등받이가 있는 경우는 보이지 않는 각도들이 생기기 때문이다. 사람이 편하게 기댈 수 있는 복합 각들이 그것이다. 그래서 의자를 만들 때는 도면상의 수치보다는 현치도(실제크기의 도면을 그려서 각 부속의 크기 등을 정확히 맞추어 보기 위한 도면)를 더 중요시 여긴다. 도면상의 각이 재단 등에서 정확히 몇 mm의 오차도 없이 재단이 된다는 것은 사실상 불가능하다. 그래서 여기서는 그 맛을 느껴보는 정도로 각이 있는 경우의 조립을 한번 해 보도록 하겠다.

부품을 체크한다. 여기서 보면 다리 측판의 경우 안쪽으로 7도씩 기울어져있다.

그렇게 하기위해서는 다음과 같이 다리에 7도씩 각을 준다.

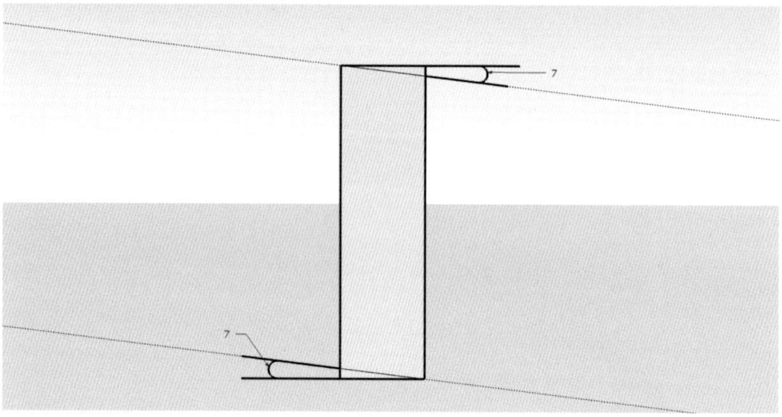

아일랜드 스툴 다리각 재단

이런 각을 준 4개의 부속을 서로 마주 보게 해서 안전하게 지면과 평행을 이루도록 해주어야한다. 이 부분이 사실은 아일랜드 스툴 만들기에서 가장 까다로운 부분이다

아래 개념도를 보면 감이 잡힐 것이다.

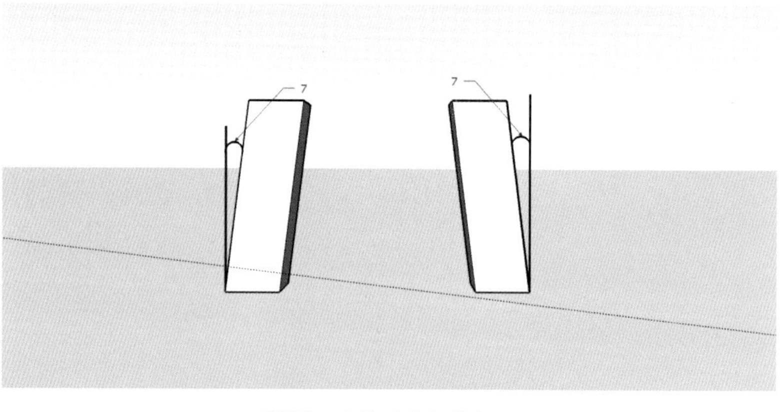

아일랜드 스툴 다리각 개념도

1

각이 잡힌 상태의 다리 측면에 아래위로 길이가 서로 다른 보조 목을 고정한다. 서로 길이가 다른 이유는 각이 져 있기 때문이다. 이 부분을 잘 고려해야 한다.

2

4개의 보조 목을 고정한다.

3

반대쪽 측판을 고정한다.

4

위아래 쪽을 평평한 면에 놓고 면을 잡는다. 상판을 올렸을 때 정확하게 올라갈 수 있게 하기 위해서다.

5

상판을 뒤집어서 앉힌다.

여기서 원형의 센터를 잡는 법을 가르쳐 드리겠다.

POINT

원형 센터 잡는 법

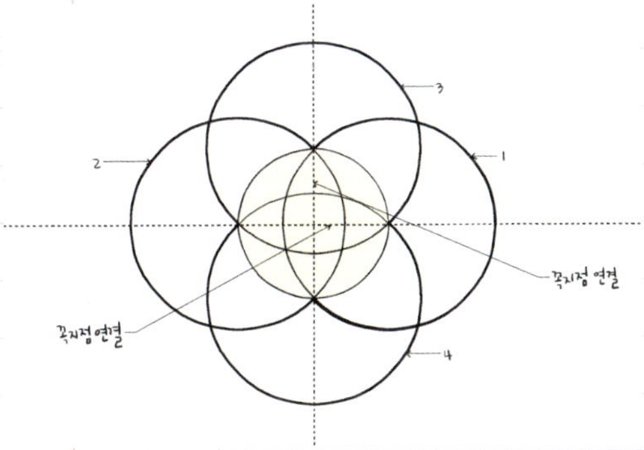

1. 먼저 컴퍼스로 원형의 끝부분에서 중심보다 큰 원 1을 그린다.
2. 같은 방법으로 돌아가면서 2,3,4번을 그린다.
3. 마주치는 네 개의 꼭짓점을 서로 연결한다.

6

4개의 꼭짓점 끝을 다리 틀의 4부분과 일치시키고 나사못으로 고정한다.

7

완성!

천 샘 자! 예쁜 아일랜드 스툴이 완성되었네요. 어떤가요?

나 섬 예 , 조립법은 그리 어렵지 않으나 이제껏 만들어 봤던 것들 중 디자인에 관해서 새로운 느낌을 받게 되었습니다.

천 샘 예. 제가 나섬씨에게 바라는 점도 사실 그 디자인에 대한 감각을 키우자는 부분이었습니다. 알아주시니 감사하네요.

사실 현재 판매가 되는 집성판재로는 현란한 디자인의 가구를 만들기에는 한계가 있는 것이 사실이다. 그래서 아까 말 한대로 첨가의 묘미보다는 빼는 묘미를 느껴 주셨으면 하는 바람이다. 이것은 또 우리 같은 인터넷업체의 변명이기도 하다. 하지만 많은 인터넷 업체들이 사용자들의 편의를 위해 노력하는 것도 사실이다. 아직 시장이 완성된 상태가 아니라는 점에서 그것 역시 많은 출혈을 감수한 투자일 것이다. 현실적으로 한정된 공간, 제한된 시간에서 이러한 인터넷을 통한다면 전문가들의 조언을 통해 그 한계를 조금은 피해 갈 수 있을 것이다.

또 한가지 여기서 알아야 할 점은 이런 비교가 맞을지는 모르겠지만, 요리를 할 때 고수의 요리사는 각종 조리법이나 양념보다는 신선한 재료에 더 집중한다고 알고 있다. 목공도 마찬가지다. 나무가 좋지 않을 때 가구에 기교를 부리기 시작하고 점점 그것에 타성이 생겨버리는 것 같다. 즉, 똑같은 디자인의 가구를 만들었을 때 A라는 나무로 만들었을 때와 B라는 나무로 만들었을 때 차이가 난다는 것이다. 즉, 신선한 좋은 재료로 요리를 했을 때는 특별한 양념 없이도 그 재료 자체의 맛이 그 요리를 맛있게 만들어 주는 것과 같은 이치다.

그래서 감히 충고를 드린다면 만들고 싶은 욕심에 싼 재료만 구입

해서 만들다 보면 오히려 자신의 안목을 해칠 수가 있다는 것이다. 물론 처음부터 비싼 나무로 실패해서 손해를 보면 안 되겠지만 어느 정도 도전해보고 싶을 때는 심사숙고해서 좋은 나무로 도전을 해보시라는 충고를 하고 싶다. 그 예는 칠에서 분명하게 드러난다. 칠도 마찬가지다. 재료가 좋으면 특별하게 채색을 많이 하지 않고 나무자체의 색을 낼 수 있는 칠을 하면 진정한 나무의 깊이를 느낄 수 있다.

나 섬 잘 알겠습니다.

천 샘 자 그럼 약속한대로 칠에 대해서 진지하게 얘기를 해볼까요?

Chapter 5

칠

1
칠은 무엇인가?

칠이란?

'칠이라는 단어는 짧지만 이 칠에서 파생되어 얘기할 수 있는 범위는 사실 무한정하다고 할 수 있다. 그만큼 칠이라고 하면 범위가 넓고 어느 누구의 방식이 정석이다.' 라고 말하기는 쉽지 않다. 칠은 질감과 색감이 함께 포함된 개념인데 이런 문제에 대해서는 누구나가 자신들의 취향이 있기 때문에 개인별로 그 차이가 너무나 크다고 할 수 있다. 현재 대량으로 만들어져 팔리는 가구의 표면은 주로 우레탄 칠 아니면 하이그로시 칠이라고 해서, 반짝반짝한 칠이 주를 이루고 있다. 그래서 개성 있는 다양한 느낌의 마감을 일반 소비자들이 느끼기에는 사실 불가능하다. 다행히 DIY시장이 넓어지면서 쉽게 소비자들이 스스로 마감을 할 수 있어서 저마다의 개성을 추구하시는 분들이 다양한 시도를 해 볼 수 있는 점은 다행스럽다.

그래서 결국 칠이라는 것은 개성의 문제라고 할 수 있다. 그래도 한가지의 기준은 필요하다고 본다. 나도 처음 칠에 대해서 공부할 때

상당한 어려움을 겪었다. 그 이유는 어느 누구도 한가지의 기준을 누가 정확히 제시해 주지 못해서였다. 나중에 안 것이지만 다행스러운 것은 우리나라 고유의 칠인 옻칠이나 서양의 칠들이 3번씩 칠해야 한다는 공통점이 있다는 것이다. 나중에 설명하겠지만 하도, 중도, 상도의 3번의 칠을 기준으로 한다는 것이다. 현재 DIY용으로 판매되는 칠도 이 기준을 따랐으면 하는 바람이다. 그럼 생활 목공 DIY에 적합한 칠의 재료나 방법에 대해서 설명하기로 하겠다. 기본적인 지식이니 알고 넘어가는 것이 좋겠다.

채색 칠과 마감 칠의 구분

흔히들 칠이라면 채색과 마감을 구분 짓지 않고 합쳐서 생각하는 경우가 많다. 하지만 분명히 칠은 채색과 마감의 두 가지로 나누어서 생각해야 한다.

물론 원목가구의 경우는 그 나무 고유의 색과 결을 그대로 살리기 위해서 마감 칠만으로 칠을 마무리하는 경우도 있다. 이때는 나무 자체의 본래 색이 채색이라고 보면 될 것이다.

채색은 말 그대로 나무에 색을 입히는 과정이다. 마감 칠은 채색을 한 위에 그 채색을 보호하기 위한 칠이라는 점에서 차이가 있다. 마감 칠은 궁극적으로 오염이나 긁힘 등으로부터 보호하는 일종의 보호막이라고 보면 좋다. 그래서 채색과 마감은 엄연히 구분 지어서 생각하는 것이 좋다. 상품 중에는 두 가지를 섞어서 한 번에 채색과 마감을 하게끔 나온 상품도 있다. 물론 그런 상품을 개인의 개성에 따라 써도 좋겠지만 좀 더 디테일하게 칠을 하고 싶다면 채색과 마감을 구분 지어서 칠해보는 것이 좋다. 그 이유는 실제로 칠 과정을 진행하면서 자연스럽게 배울 수 있을 것이다.

그럼 채색은 어떻게 이루어질까? 채색에는 다양한 방법을 사용할 수 있다. 예를 들어보면 흔히 페인트, 염색제, 스테인에서부터 (사실 모든 칠이 스테인(착색제)의 범주에 들어간다. 현재 생활 목공 DIY 쇼핑몰 등에서 이에 대해 새로운 칠인 것 같이 잘못 인식을 시킨 잘못이 있다. 이에 대해서는 다시 설명을 하겠다.), 커피, 아크릴 물감 등등 수많은 착색이 가능한 물질들이 있다.

마감 칠은 무색투명한 칠을 하는 것을 말한다. 마감 칠의 종류도 다양하다. 흔히 랙커, 바니쉬, 우레탄, 쉘락 등이 꼽힌다.

채색 칠과 마감 칠의 구분

그렇다면, 유성 칠과 수성 칠을 구분하는 기준은 무엇일까?

칠의 재료들이 물에 녹으면 수성 칠이고 우리가 흔히 얘기하는 유기 용매인 신너Thinner에 녹으면 유성 칠이다. 즉, 용매에 따라 나뉘는 것이다. 즉, 수성 칠은 용매가 물이고 유성 칠은 용매가 신너인 것이다.

그러면 먼저 착색제를 자세히 알아보자. 흔히 옷에 물을 들이는 염료로도 나무에 채색이 가능하고, 나무에 묻혔을 때 색이 나오는 모든 것들을 착색제로도 쓸 수 있다. 이 밖에도 커피 찌꺼기, 포도주스 등도 색을 낼 수 있기 때문에 이 범주에 속하고 화학약품도 착색제로 쓰일 수 있다. 색을 낼 수 있는 그 어떤 물질도 착색제가 될 수 있다. 그러니 얼마든지 다른 응용이 가능하다. 여러분 각자 상상력을 자극하길 바란다.

한 예로 흔히 많이 하는 암모니아 퓨밍 작업이라는 것이 있다. 오크(참나무)의 탄닌 성분이 암모니아 가스를 쐬면 아주 고풍스러운 짙은 색으로 변하게 된다. 이렇듯이 나무에 색을 내는 방법은 너무나 다양하다.

• **유성 칠** 색을 내는 칠의 재료(안료, 염료)가 유기용매 흔히 말하는 신너에 녹는 칠

유성칠도 칠의 재료의 종류에 따라 용매가 달라진다. 즉, 신너에도 칠의 종류에 따라 랙커신너, 바니쉬 신너, 우레탄 신너 등이 있다. 그 외에 테라빈유나 혹은 솔벤트, 알코올 등등도 종종 사용되곤 한다.

• **수성 칠** 색을 내는 칠의 재료가 물에 녹는 칠.

간단하게 비교한다면 이는 유화와 수채화의 차이라고 하겠다. 나무에 유화 그림을 그릴 것인지 수채화를 그릴 것인지의 차이라고 할 수 있

는 것이다. 마감 칠도 똑같이 구분된다. 그럼 채색을 하기 위한 칠에 대해서 좀 더 자세히 알아보자.

• **채색 칠** 안료로 만든 칠(Pigment Stain) | 염료로 만든 칠(Dye Stain)

우리가 사용하는 모든 채색 칠은 이 두가지 칠의 재료(착색제)가 일정한 용매(물을 포함해서)에 녹아서 칠이 되는 것이다. 즉, 위의 안료나 염료나 다 스테인(착색제)이다. 이 스테인이 일정한 용매에 녹아서 채색 칠이 된다. 이 부분에서 아까 말했듯 조금 개념을 바로잡을 필요가 있다. 흔히 DIY쇼핑몰에서 판매하는 스테인이라면 새로운 칠의 이름인 것으로 둔갑(?)하고 있지만 나무에 색을 내기 위한 모든 칠의 재료가 스테인이다. 즉 스테인은 착색제의 기본재료인 것이다.

안료와 염료의 차이는 무엇일까?

우리가 흔히 하는 머리카락 염색을 비교하면 된다. 염료Dye로 만든 칠은 일반 머리카락 염색하는 염색약으로 보면 되고 안료Pigment로 만든 칠은 일회용 염색제로 보면 된다. 즉, 일반 염색약은 염색 후에 머리를 감아도 색이 빠지지 않지만 일회용 염색약은 머리를 감으면 색이 빠진다. 즉 염료로 만든 칠은 나무의 세포를 염색해서 색을 내지만 안료로 만든 칠은 세포 위에 살짝 얹혀 있는 상태로 보면 된다. 이것은 착색제(스테인)가 용매에 녹았을 때 입자의 크기가 다르기 때문이다. 즉 염료로 만든 칠은 매우 미세한 입자여서 나무 세포 속으로 깊이 침투가 되고 안료로 만든 칠은 그보다 굵어서 세포 위에 살짝 얹히는 상태가 되는 것이다. 이것을 아래 그림으로 보면 이해가 빨리될 것이다.

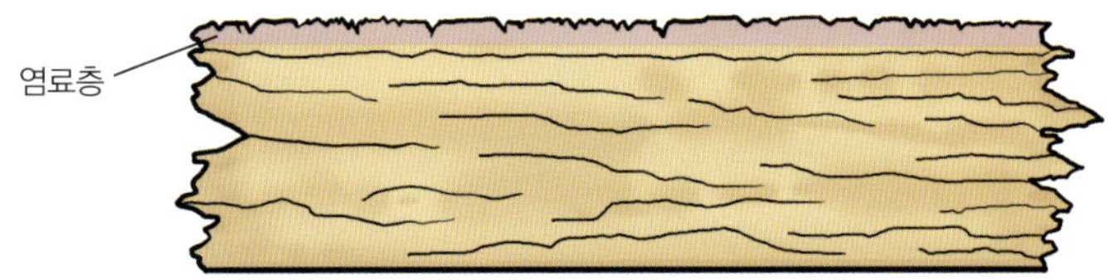

염료의 침투 상태

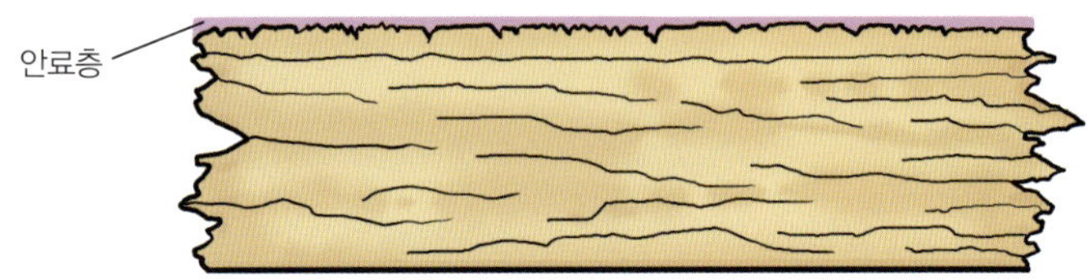

안료의 침투 상태

유성 칠에 대해서 얘기하자면 아주 전문적이고도 복잡한 화학적 지식까지도 필요하게 되어서 더 이상 깊이는 들어갈 필요는 없다고 생각한다. 이렇듯이 칠은 조립과 별개의 영역이면서 나무의 성질에 따라 맞는 칠을 골라야 하기 때문에 연결된 개념이라 할 수 있겠다.

말이 좀 어려워졌지만 DIY를 즐기기 위한 좋은 수성 칠들이 많이 나와 있기 때문에 위에 언급한 정도의 지식만 가지고 있으면 좀 더 '칠' 의 개념을 이해하는데 도움이 될 것이다. 나중에 칠에 관해서 따로 책을 낼 기회가 된다면 좀 더 자세하게 사진과 함께 위의 개념들을 설명을 할 수 있으면 좋겠다.

2

실전! 칠하기

1. 칠을 위한 나무의 준비

이제부터는 직접 칠을 하는 과정을 진행해 보면서 좀 더 개념을 정리해보자.

우선 칠을 하기 전에 나무가 칠을 받아들일 준비를 시켜야 한다. 즉, 화장으로 비교하자면 세수를 하고 로션을 발라서 색조 화장을 하기 위한 준비를 하는 과정과 같다.

1

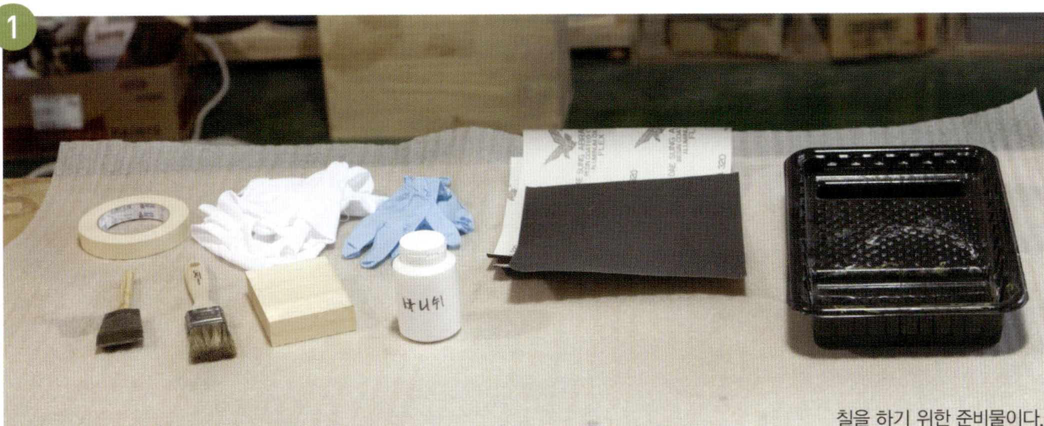

칠을 하기 위한 준비물이다.

2

부재를 고정하고 샌딩 블록에 샌드페이퍼를 감아서 면을 샌딩한다. (약220번 정도의 샌드페이퍼로 너무 큰 힘을 들이지 말고 샌딩한다. 현재 집성판재들은 일단 공장에서 1차 샌딩된 상태로 나온다.)

3

샌딩할 때는 항상 끝부분을 신경 써서 샌딩을 해야 한다.

4

샌딩한 가루를 털어낸 뒤 촉촉하게 물에 적신 면천으로 다시 한 번 가루를 닦아준다. (물을 바르는 이유는 나무는 빨대 같은 세포구멍의 집합체이기 때문이라서 샌딩을 하면 그 구멍들 속에 가루들이 남아있게 된다. 그래서 물을 발라 건조시키면 그 속의 나뭇가루들이 다시 들고 일어나는데 이를 고르기위해 2차 샌딩을 한다. 이 과정을 '결을 일으킨다' 라고 한다.)

결을 일으킨다 (Raise Grain)

나무의 단면을 보면 많은 세포다발이 묶여 있는 상태다. 이런 상태에서 샌딩을 하면 이 세포구멍들에 찌꺼기가 쌓인다. 이 지꺼기들을 물칠을 해서 수분의 증발력을 이용해서 들어 낸 뒤 다시 샌딩을 하는 것이다. 이는 수성칠의 경우이기 때문에 물을 사용하지만 유성칠을 할 경우는 물을 쓰지 않는다. 유성칠의 경우 그 칠에 맞는 용매 즉 솔밴트류, 테라핀류, 미네랄 스피리트(솔벤트류와 흡사하다) 등을 쓴다.

5

물이 완전 건조되면 다시 거칠어진 면을 느낄 것이다. 면이 거칠어진 면을 다시 320번 샌드페이퍼로 뺨을 쓰다듬듯이 살살 샌딩해서 다시 면을 고르게 만들어 준다.

2. 상처가 생긴 나무의 칠

열심히 작품을 완성시켰는데 뜻하지 않게 상처가 생기는 경우가 종종 있다. 이럴 땐 정말 속상하는 일이다. 이 난감한 경우를 위해서 공부를 해보자.

대충 면에 생기는 상처는 두 가지 형태이다.

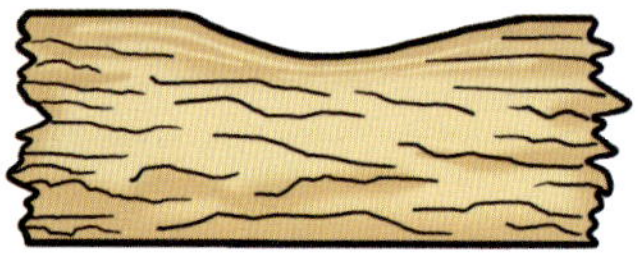

찍힌 상태

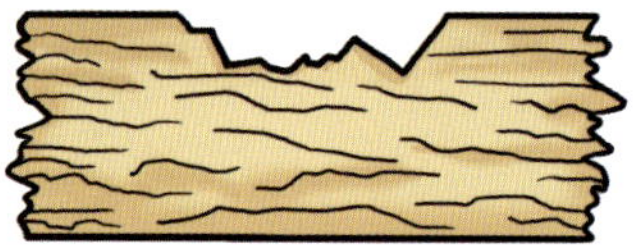

찢기거나 깊은 상처

즉, 찍힌 상처와 찢기거나 부러져 나간 상처이다

이 두 가지의 경우 수정하는 방법을 알아보자.

찍힌 상태

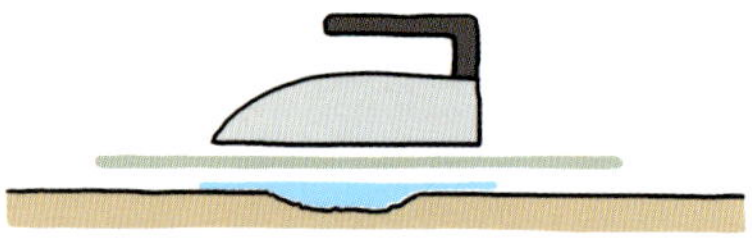

찍힌 상처 위에 물을 좀 떨어뜨리고 천을 덮은 뒤 다리미로 너무 뜨겁지 않게 해서 살살 다려 주면 다시 올라와서 평평해진다. 그러나 너무 깊이 찍힌 상처는 이 방법으로도 안 될 때가 있다.

찢기거나 깊은 상처 1

일반적으로 판매하는 우드 필러를 사용하여 메운다.

찢기거나 깊은 상처 2

나무색이 우드 필러와 맞지 않는 경우에는 그 나무의 샌딩 가루를 문방구에서 파는 풀에 개어서 우드 필러를 만들어서 메우면 된다.

3. 채색

이제 채색을 할 차례이다. 스테인(착색제)을 칠하는 방법에는 크게 3가지 방법이 있다.

1. **면천** 붓 자국 등의 걱정 없이 색을 고르게 낼 수 있다는 장점이 있다.
2. **스펀지 붓** 역시 붓 자국 걱정 없이 칠할 수는 있으나 한 번에 많은 양의 칠이 되기 때문에 색의 농도를 조절하기 어렵다는 단점이 있다.
3. **붓** 붓 자국에 대해서 걱정이 없도록 조금만 연습이 되면 넓은 면을 칠하는데 좋다. 스펀지 붓보다는 색 농도 조절에도 훨씬 용이하다는 장점이 있다.

1회용 김을 먹고 난 투명한 용기는 칠할 때 매우 유용하다.

면천으로 칠한다.

스펀지 붓으로 칠한다.

면천과 스펀지 붓으로 한 번 칠한 양의 비교.

면천으로 1차 칠을 완전 건조시킨 뒤 2차 칠을 했을 때 조금 더 짙어짐의 차이를 느낄 것이다.

천호진의 Tip

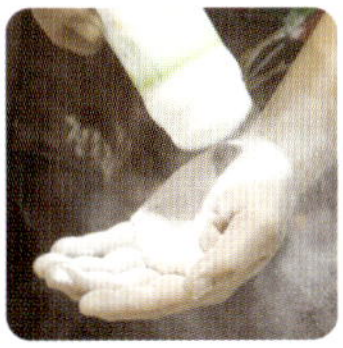

고무장갑을 끼기 전에 베이비 파우더를 손에 충분히 바르면 좋다.

앞으로 이야기할 것이 채색의 중요한 개념이다. 내가 원하는 색을 한번에 내려고 욕심내지 말고 1차, 2차에 거쳐서 진행하면서 색을 내야 한다. 또 하나 이렇게 채색된 위에 마감 칠(바니쉬)을 하면 좀 더 색감이 두드러지게 할 수 있다. 나뭇결 역시 두드러진다. 이것은 마감 칠의 투명도, 굴절도에 따라 차이가 나지만 어쨌든 마감 칠을 하면 색이 두드러진다. 이점도 채색할 때 고려해야 할 점이다.

그래서 항상 새로운 채색제를 응용할 때는 같은 종류의 나무 조각에 테스트를 해보고 결정하기 바란다. 제조회사별로 같은 내용의 제품이라도 많은 차이가 나기 때문이다.

채색을 할 때 가장 까다로운(?)부분이 바로 나무를 자르면서 생기는 절단면이다. 이 절단면은 위의 그림에서 보듯이 빨대 구조로 되어있다. 그래서 면보다는 한번 칠에 더 많은 양을 빨아들이게 되고 다음과 같이 색도 짙어진다. 이 면은 아무리 샌딩을 한다고 해서 쉽게 처리가 되지를 않는다.

같은 색을 내기 위해서는 2가지 방법이 있다.

1, 먼저 절단면을 칠을 한 뒤 그 색에 맞춰서 면을 칠하는 방법.

이렇게 되면 아무래도 색감이 짙어지게 된다.

2, 쉘락을 이용하는 방법

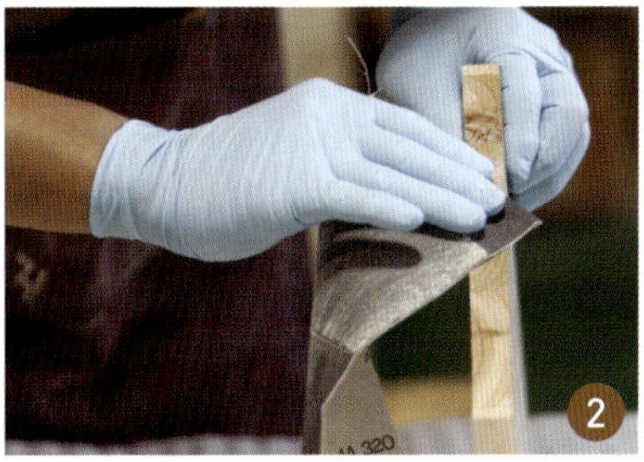

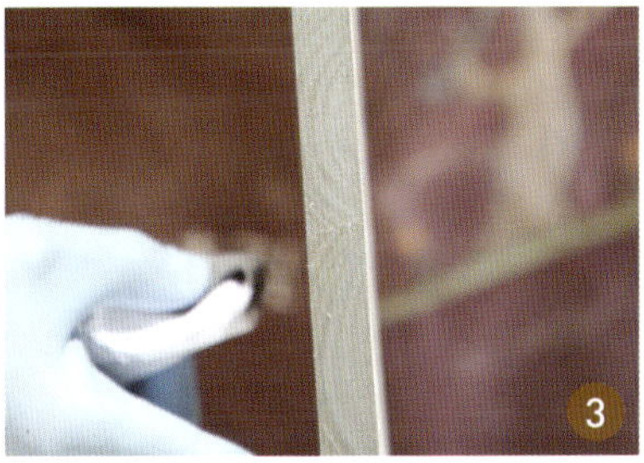

1. 10% 정도의 쉘락을 먼저 칠을 한다.
2. 건조한 뒤 320번 샌드페이퍼로 샌딩하고 칠한다.
3. 쉘락을 칠하지 않고 칠했을 때보다 색이 옅은 것을 알 수 있다. 즉, 면에 칠했을 때와 비슷한 정도의 색감이 나온다.

POINT

쉘락이란?

원래 쉘락은 인도나 태국에 사는 벌레의 분비물에서 나오는 천연 재료로서 자연 광택과 투명도가 뛰어나서 고급 도료로 분류된다. 식용도 가능하다. (초콜릿 등에 광택을 낼 때도 이 재료들을 쓴다)

쉘락은 프렌치 폴리싱이라는 기법으로 흔히 칠한다. 그러나 여기서는 그 기법에 대한 설명은 생략하겠다. 단 수제품의 고급 클래식 기타에 칠해져 있는 칠이 프렌치 폴리싱 기법으로 칠한 쉘락 칠이다. 또 간단히 비교하자면 우리나라 옻칠하는 방법과 흡사하다.
기본적으로 나무의 결들을 농도 짙은 쉘락으로 1차 메움 칠을 하고 알코올로 닦아내면서(쉘락은 알코올에 녹는다) 2차 3차 계속해서 알코올로 농도 조절하면서 천으로 문질러 광을 내는 기법이다.

쉘락은 이렇게 그 자체로 좋은 칠이기도 하지만 결 메움을 하는 좋은 재료이기도 하다. 위에 설명한대로 절단면 등에 먼저 결을 메워 주어서 색의 농도를 조절할 수 있게 해주는 필러(Filler)로서 아주 그만이다.

단점은 열에 약해서 뜨거운 잔을 놓을 때는 반드시 잔받침을 놓고 올려야 한다.

4. 마감 칠

1

이제 마감 칠을 할 준비가 되었다.

2

적당한 용기에 수성 바니쉬를 따른 뒤 붓에 묻혀서 칠을 한다. 수성바니쉬는 처음에는 우유빛깔 이지만 칠을 한 뒤 건조가 되면 투명해 진다. 중간 정도에서 시작해서 바깥쪽으로 나무의 결의 방향을 따라 칠한다. 붓 자국이 나더라도 걱정하지 말고 전체를 고르게 칠해준다. 수성 바니쉬는 Self Leveling 기능이 있어서 그대로 건조시키면 칠이 펴지게 된다. 절대로 건조 전에 리터치(Retouch)를 해서는 안 된다. 만약에 첫 번째 칠에서 붓 자국이 나도 건조 후 2차 칠을 할 때 샌딩하고 잡으면 붓 자국은 말끔히 사라진다.

3

절단면도 칠한다.

4

1차칠 (하도) 칠을 마친 상태. 이 상태에서 완전 건조한다.

5

1차 칠이 완전 건조된 뒤 320번 샌드페이퍼로 살살 빰을 만지듯이 샌딩한다. 그러면 더욱 고운 면이 된 것을 느낄 것이다. 여기서 고운 면이 되었지만 확대를 해보면 굉장히 많은 스크래치를 볼 수 있다. 스크래치가 많이 났다고 걱정할 필요가 전혀 없다. 이 스크래치가 오히려 2차 칠이 될 면적을 넓혀 주어서 2차 칠을 더 단단히 고정해주는 역할을 하기 때문이다. 이것이 샌딩을 해야 하는 진짜 이유이다. 단순히 면을 고르게만 해주는 것이 1차 2차 칠 사이의 샌딩의 중요한 점이 아니다.

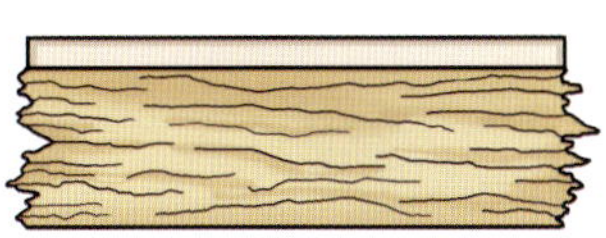

1차 칠의 상태

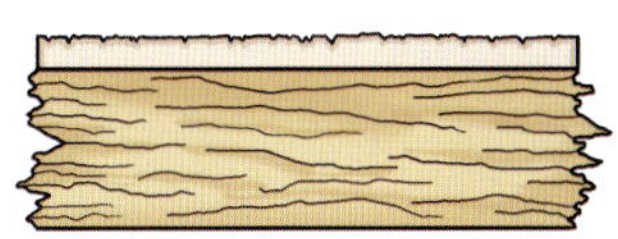

1차 칠 후에 샌딩해서 스크래치가 생긴 상태

이 스크래치는 샌딩을 하면서 생기는데 손으로 만져보면 매끈하지만 그림처럼 스크래치가 생긴다. 이 스크래치 위에 2차 칠을 올리면 이 스크래치가 면적을 넓혀주어서 2차 칠을 단단하게 잡아준다.

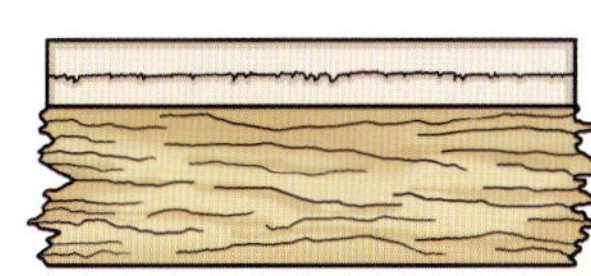

2차 칠을 올린 모습

1차 칠의 스크래치가 2차 칠을 더욱 견고하게 고정한다.

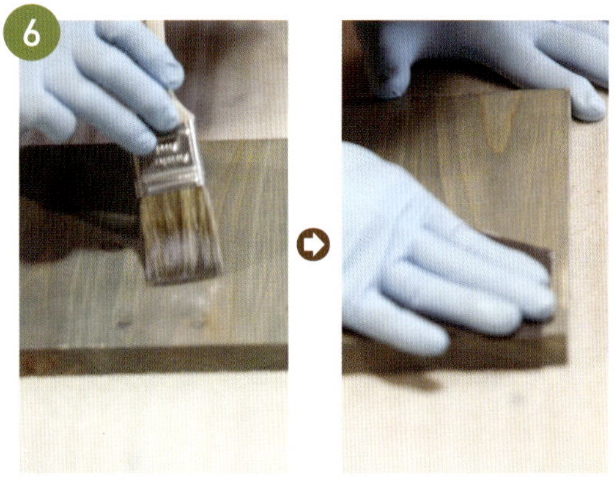

2차칠(중도)을 한다. 다시 건조시킨 뒤 이번에는 320번 샌드페이퍼를 손에 감아서 샌딩한다. 손에 감아서 샌딩하는 이유는 2차칠의 도막을 많이 까내지 않기 위해서이다.

2차칠을 건조 시킨뒤 다시 320번 샌드페이퍼로 샌딩한 뒤 붓이나 면천으로 3차칠(상도)을 한다.

완성 된 칠.

천호진의 Tip

붓의 관리 및 보관 방법

칠을 마친 뒤 가장 먼저 해야 할 것이 붓의 정리다. 붓은 칠을 할 때 가장 중요한 도구이기 때문이다. 회를 뜨는 사람에게는 칼이 될 것이고, 군인에게는 총과 마찬가지이다. 무사라면 그의 칼이나 마찬가지일 것이다. 그러니 우리도 이 붓을 잘 관리해야 한다. 새로 산 붓이 내 손에 맞게끔 자유자재로 움직여 주려면 나와 함께 칠을 하는 과정이 많이 필요하다. 그러니 한 번 쓰고 버리는 것이 아니라 반드시 정리하고 관리만 정확히 한다면 거의 반영구적으로 오랫동안 쓸 수 있다.

칠이 끝난 후 반드시 굳기 전에 물(다른 용매를 쓴 칠은 그 용매)에 충분히 빨아서 붓에 묻은 칠을 제거한다.

신문지나 헝겊 등에 물기를 꼭 짜준다.

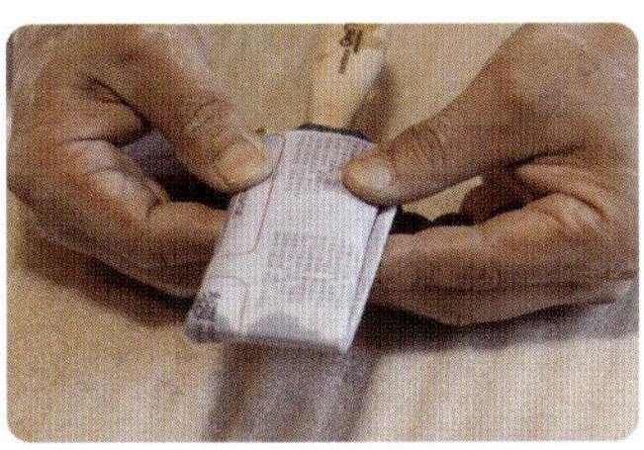

그런 뒤에 신문지에 붓의 모양대로 잘 감싸준다.

붓을 처음 샀을 때 케이스가 있다면 그 안에 넣어서 보관한다.

간단하면서 알고는 있지만 잘 실행이 안 될 것이다. 그러나 꼭 정리를 잘 하라고 다시 한 번 강조하고 싶다. 붓은 그래야 내 손에 익는다. 다른 공구들도 마찬가지다.

3

좋은 칠을 하기 위한 노하우

지금까지 칠에 대해서 간략하게 그 개념을 알아봤다.

보통 칠이라고 하면 채색은 나무의 결을 최대한 살리면서 나무의 색만 바꾸고 마감 칠은 면을 평탄하게 해서 저광으로 칠하면 나무가 단단해진 느낌을 줄 수 있다. 그러나 이 과정 중에서 색을 더 짙게 하려면 채색 과정을 한 번 더 거치고 마감을 더 두껍게 하려면 마감의 마지막 과정을 한 번 더 거치면 된다. 더 약하게 하려면 과정을 한 번씩 생략하면 된다. 그 선택은 철저하게 DIY를 하는 본인의 선택이다. 그렇기 때문에 칠은 많은 시행착오를 거치면서 자신만의 노하우를 쌓는 것이 중요하다. 다시 말하지만, DIY는 본인이 쓸 가구를 본인이 직접 만드는 것임을 잊지 말자.

이 책에서 이야기한 내용은 단순하게 가이드의 역할만 한다고 생각해 주었으면 좋겠다. 칠의 과정이 복잡하고 힘들다면 칠을 하지 않고 써도 무방하다. 그러나 마감 칠의 경우는 나무를 오염물질로부터 보호하고 수축과 팽창으로부터 일정부분 가구를 보호해주는 역할을 하기 때문에 마감 칠은 반드시 해주기를 권한다.

여태껏 보았듯이 다른 작업과 마찬가지로 칠 역시 시간과의 싸움이다. 즉 한 번 칠하고 완전히 건조시키고 샌딩하고 다시 칠하고 건조 시키고 하는 과정의 반복이다. 여기서 건조시키는 시간을 넉넉하게 가지지 못해서 칠을 실패하게 되는 것이다. 공간 박스를 칠하면서 얘기했지만 인간의 욕심이 그 건조과정의 시간을 기다리지 못하게 만든다. 그래서 다시 한 번 충고하지만 한번 칠 한 뒤 건조 시키는 동안에는 작품을 보지 말고 잊어버리고 있으라고 충고해주고 싶다. 차라리 외출을 하는 것이 상책이다. 나 역시 지금도 기다리고 앉아있으면 건조되기 전에 손을 대서 칠을 실패하는 경우가 있다. 특히 공들인 작품에서 말이다. 혹자는 건조되려면 정확히 몇 분 기다려야 하나요? 하고 묻는데 불행히도 시간이 정해져있지를 않다. 그 이유는 습도의 문제이다. 외부기온이 높고 습도가 낮을 때는 그 반대의 경우에 비해 상대적으로 빨리 마른다. 일부 상품에서 시간을 정해 놓은 경우가 있는데 그것은 일정한 조건하에서의 얘기다. 일상에서는 그렇게 일정한 조건을 만들기가 어렵다. 그래서 비오는 날이든지 습도가 높은 날은 칠을 가급적하지 말기를 권하고 싶다. 특히 유성 칠 등은 물과 어울리지를 않기 때문에 습도가 높은 날은 절대로 시도하지 말기를 충고한다. 물론 우리나라 옻칠 같은 경우는 오히려 습도가 있어야 건조가 된다.

그나마 수성 칠은 습도가 높은 날도 칠은 가능하지만 건조 시간이 길어진다. 그래서 건조시간을 일률적으로 정할 수가 없는 것이다.

조립 전에 칠을 한다는 의미는 무엇일까?

우리가 복잡한 가구 아니 단순하게 공간박스라고 해도 완전히 조립을 한 상태에서 칠을 한 번이라도 해 본 경험이 있다면 구석구석

어떡해~ 어떡해~
더 말리고 칠할껄...
괜히 했어~
괜히 했어~
...나...
울고 있니...

붓이 제대로 닿지 않아 칠이 잘되지 않는 경험을 했을 것이다. (그래서 공간박스 파트에서 우리는 처음 칠을 해보았다.) 붓이 한 방향으로 나가야 고른 칠이 되는데 조립이 끝난 상태에서 칠을 하면 필연적으로 반대 방향으로 붓이 가게 되는 지점이 생긴다. 여기서 붓 자국이 생기고 칠이 뭉쳐지는 부분이 생기는 것이다. 이것을 해결하는 방법이 조립하기 전에 내부를 칠을 한 상태에서 조립을 하는 것이다. 이것은 상당히 귀찮고 시간이 많이 걸리는 작업이기는 하다. 그러나 내부와 외부에 고른 칠을 원한다면 이 방법 밖에는 없다. 그래서 칠이 어렵고 시간이 많이 걸리고 지루하다고 생각하는 사람들이 많다. 뭐 내가 쓸 건데 대충 좀 칠해서 붓 자국이 있으면 어떠냐 하는 사람들도 있다. 먼저도 얘기했지만 제대로 칠한 것과 그렇지 않은 것을 보고 비교한다면 생각이 달라질 것이다. 또, 내가 제시하는 기준도 역시 조립 전에 칠을 하라는 것이다. 완성도의 차이를 한 번이라도 느껴 보았으면 좋겠다.

그렇게 한번이라도 경험해 보면 이 방법이 자신의 방법이 될 것이다. 처음부터 올바른 방법을 익혀 습관이 된다면 절대로 귀찮거나 힘들지 않을 것이다. 공들인 만큼 나무는 반드시 보답을 한다. 여기서는 "ㄱ"자 연결을 예로 그 개념을 설명하겠다.

1

나사못이 고정될 자리를 안쪽에도 표시한다.

2

나사못을 고정하기 전에 칠이나 바니쉬가 묻으면 본드를 칠해도 접착력이 없어지므로 본드가 칠해질 자리는 칠이 묻지 않도록 마스킹 테이프로 먼저 붙인다.

3

칠이 마른 후에 마스킹 테이프를 떼어낸다. 분명히 칠이 묻지 않은 부분이 생긴다.

4

칠이 묻지 않은 부분에 본드를 바르고 반대쪽과 나사못으로 결합한다.

이렇게 결합하면 모서리 안쪽 부분에 붓 자국이나 칠이 제대로 안된 부분이 없이 깨끗한 내부 칠이 될 수 있다.

아주 간단한 개념이지만 사실 실행하기는 귀찮을뿐더러 어려워하는 기법이다.

그러나 굉장히 다양하게 넓은 분야에서 이 기법을 사용할 수 있다. 특히 복잡한 구조의 가구를 만들 때는 잘 이용하면 완성도 있는 작품을 만들 수 있다. 잘 숙지해 주시길 특별히 부탁드린다.

이상으로 칠에 대해서 부족하지만 간단하게나마 설명을 마쳤다. 내가 이 책을 쓰면서도 가장 중요시한 부분이 칠이다. 그러나 만족스럽지 못한 것 또한 사실이다. 외국의 경우를 보면 칠의 재료들이 상상을 초월하게 많다. 그리고 체계적으로 정리가 된 그들의 자료를 보면 질투가 날 지경이다. 조립이 반이면 칠이 반이다. 이 말은 조립의 중요성만큼이나 칠의 중요성을 강조하고 싶다는 말이다. 우리 같은 경우는 조립의 기법이 짜 맞추기인가?, 아닌가? 뭐 이런 것들로 갑론을박하는 경우가 대부분인데 반해 칠에 대해서 이론적으로 그렇게 하는 경우를 거의 보지 못했다. 목공을 하는 내 입장에서 보면 너무나 안타까운 일이다. 조립방법에 대해 갑론을박하는 것만큼의 10분의 1이라도 칠에 대해서도 공부를 한다면, 그래서 그만큼 시장이 넓어진다면 또 그런 자료들을 서로 공유할 수 있다면 DIY를 하는 우리도 더욱 완성도 높은 나만의 가구를 분명히 만들 수 있다고 장담한다. 내가 처음 칠에 대해서 관심을 가지게 되었을 때의 막막하고 당황했었다. 이후 밤새우며 공부해서 얻은 '칠'에 대한 지식들이 이 책을 보는 독자들에게 조금이라도 도움이 되었으면 좋겠다.

뾰로롱~
책 사서 읽어~
동영상 강좌 DVD도
있으니까! 넌 특별히
친필사인해주마~
mandulgo 만들고
천호진의 생활목공 DIY

칠의 기본 정리

칠의 종류

1. 수성

- 수성 스테인 : 나무에 색을 입히는 도료 일반 아크릴물감, 젯소 등도 포함.
- 수성 바니쉬 : 나무에 입힌 색을 보호하고(물, 생활오염물, 긁힘 등으로부터) 결을 더욱 살리기 위한 마감재.

2. 유성

- 쉘락, 오일 (텅 오일, 린시드 오일 등), 랙커, 우레탄 등

❖ 수성과 유성의 구분은 칠을 녹이는 용제로 구분한다. 물을 섞어 쓰는 칠은 수성, 그 외의 용제에 녹여서 쓰면 유성으로 구분한다.

수성 스테인 착색 방법

먼저 가구를 완전 조립하기 전에 내부 쪽의 손이 닿기 어려운 부분을 조립하기 전에 칠해주고 조립한다.

❶ 220번 정도의 샌드페이퍼로 샌딩한다. 면만 고른다는 느낌으로 부드럽게 샌딩한다.

❷ 이렇게 샌딩을 한 후에 수건 등에 물을 적셔서 샌딩한 면에 골고루 물을 칠해주고 완전건조를 시켜준다. 완전건조 후에는 다시 거칠어진 면을 느낄 수 있을 것이다.
그리고 , 320번 정도의 샌드페이퍼로 다시 2차 샌딩을 한다.
(이렇게 물 칠을 하는 이유는 샌딩을 하면 나무의 결속에 보이지 않는 찌꺼기들이 쌓이게 되기 때문이다. 그 찌꺼기들을 정리하지 않고 칠을 하면 나중에 칠이 거칠어진다. 그래서 일단 미리 정리를 하는 것이다. 물은 마르면서 나뭇결 속의 찌꺼기들을 다시 밀어 올려준다. 그래서 물 칠을 하고 2차 샌딩을 하는 것이다.)

❸ 여기까지 한 뒤에 일차로 보푸라기 같은 것들이 일어나지 않는 면천,(붓, 스펀지 붓 등)에 수성 스테인을 묻혀서 골고루 칠을 한다. 절대로 한 번에 원하는 색을 내기 위해서 마르지 않은 위에 또 덧칠을 하면 안 된다. 기다리면서 잘 건조시킨 후(약 1시간정도, 그날의 기후에 따라 건조시간의 차이가 크다

는 점을 잊지 말도록 하자.) 보면 다시 거칠해진 면을 확인할 수 있다. 그러면 약 320번 정도의 샌드페이퍼로 절대로 힘을 주지 말고 면만 살살 쓰다듬듯이 2차 샌딩을 해준다.

❹ 그리고 다시 면천에 스테인을 묻혀서 칠을 한다. 이제는 색이 짙어진 것을 알 수 있을 것이다. 여기서 더 짙은 색상을 원한다면 다시 한 번 건조 후에 3차로 스테인을 칠한다.

❖ 명심할 것은 1차에서 2차로 넘어갈 때는 항상 '완전 건조' 후에 다음 칠을 해야 한다는 것이다.

수성 바니쉬 칠하는 법

바니쉬는 기본으로 3번 칠을 원칙으로 한다.
하도(밑칠),중도(상도를 올리기 위한 단계), 상도(최종 위칠)

❶ 스테인을 올린 면이 완전 건조가 된 후에 붓으로 하도 칠을 한다.
조금 넉넉히 붓에 묻혀서 안쪽에서 가장자리 방향으로 결 방향으로 칠을 한다. 넉넉히 묻혀서 칠을 하다 보면 붓 자국도 남고 기포도 생기고 하지만 신경 쓰지 말고 계속 칠을 한다. 바니쉬는 스스로 평활하게 퍼지는 성질이 좋기 때문에 붓 자국들은 크게 신경 쓰지 않아도 된다. 중도를 하기 전에 샌딩에서 다시 쉽게 잡을 수 있기 때문이다.
칠을 다한 후에 완전건조 후 320번 샌드페이퍼로 살살 면만 다듬듯이 샌딩을 한다. (이 때 샌딩 가루가 하얗게 나오지 않고 떡이 진다면 완전건조가 되지 않았다는 뜻이기 때문에 건조를 더 시킨다. 건조 시간은 칠을 올린 양과 습도에 비례한다.)
또, 아크릴 물감 등으로 그림을 그리려면 이 단계에서 그린다.

❷ 이렇게 한 후에 이번에는 면천에 바니쉬를 묻혀서 다시 골고루 칠을 한다. 이것이 중도이다. 다시 '완전 건조' 후에 320번 샌드페이퍼로 샌딩을 한다.(면천에 바니쉬를 묻혀서 칠을 하는 이유는 중도에서 붓 자국 없이 고루 펴지는 칠을 손쉽게 하기 위해서이다.)

❸ 이제 다시 면천에 바니쉬를 묻혀서 마지막 상도를 올린다. 잘 건조시키면 칠은 완성이다. 여기서 칠이 조금 얇게 느껴지면 완전 건조 후에 상도 과정을 다시 한 번 반복해도 무방하다.

❖ 하도 : 중도 : 상도 의 바니쉬 양은 3 : 2 : 1로 잡으면 된다.

❹ 이렇게 완성한 후에 가구용 왁스를 잘 발라서 닦아주면 더욱 좋은 면을 얻을 수 있다.

❖ 바니쉬에는 유광, 반광, 무광의 종류가 있으니 선택을 하시기 바란다. 무광으로 중도까지 한 후에 상도는 유광으로 해도 문제는 없다.

mandulgo
만들고

특별 부록

'만들고'에서 제작한 동영상 강좌 DVD를 특별 부록으로 담았습니다.
저자의 강의와 작업하는 영상을 책과 함께 보면 큰 도움이 될 것입니다.

DVD의 구성은 다음과 같습니다.

나무의 이해

1. D.I.Y.의 이해
2. 나무의 이해

공구의 소개

1. 공구의 소개
2. 버니어 캘리퍼스
3. 전동 드라이버
4. 직소의 사용법
5. 타카 사용법
6. 톱의 사용법
7. 클램프 사용법

공간 박스 만들기

실전 조립과 마무리

1. 키친타월 걸이의 조립
2. 키친타월 걸이의 칠

하드웨어

1. 경첩 달기
2. 싱크 경첩
3. 3단 서랍 레일

DVD 부록 | 키친타월 도면

부품목록

부품명	크기(mm)	수량	자재명
뒷판	350X306X18	1	시더18T
측판	350X150X18	2	시더18T
지판,선반	270X150X18	2	시더18T
걸이봉	400X20X20	1	원목봉Φ20
목공용 본드		1	
조립 나사못	50	16	

도면

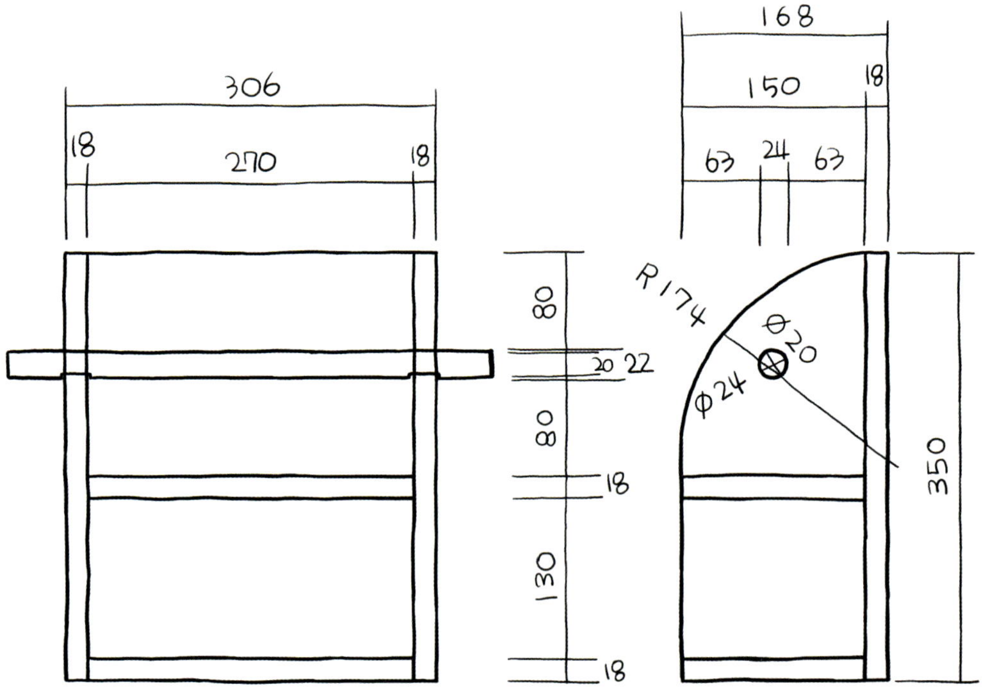

참으로 긴 여정이었다.

책 한 권 쓴다는 것이 얼마나 어려울지 미루어 짐작하고 상상도 해봤지만 이토록 어려울 줄은 몰랐다. 솔직한 심정으로 이렇게 어려울 것을 알았더라면 애초에 포기했을 것이다. 특히나 독자들에게 필요한 지식을 전달해야 하는 이런 실용서가 더 어려운 것 같다. 만약 사실을 잘못 전달해서 독자에게 혼란을 준다면 책을 내지 않는 것이 더 좋은 방법이 아니겠는가?

이 책은 지난 십여 년간 내가 경험했던 목공예와 또 생활 목공 DIY에 대한 나 나름대로의 공부와 그것을 통해 실제 작업을 하면서 얻을 수 있었던 노하우를 정리하여 나만의 기준과 지식으로 쓴 것이다. 하지만 책을 쓰기에는 모자란 바가 클 뿐 아니라, 나의 공부나 경험과 다른 생각을 가진 사람들도 있을 것이다. 나의 방법이나 기준이 절대적이라는 말은 못할 것 같다. 단지 나만의 기준과 방법을 제시하고 필요한 분들에게 도움이 되었으면 하는 바람이다.

처음 책을 내자는 제안이 왔을 때 굉장히 망설였다. 제 2의 직업으로 생활 목공 DIY 쇼핑몰을 운영하고 있지만 나의 본업과는 너무나 다른 방향이기 때문에 오해를 살 것이 제일 두려웠다. 또 그 오해가 나와 함께 열심히 일하는 우리 직원들에게 피해를 미칠까 걱정돼 많이 망설여졌다. 그러나 꾸준히 나를 설득해준 '오픈하우스'의 김영훈 실장의 도움으로 우여곡절 끝에 책을 마감했다. 책의 출간을 결정해준 오픈하우스의 정상우 대표님께도 깊은 감사를 드린다.

여태껏 우리나라에서 출간 되었던 목공 DIY서적들은 개념이나 전문 지식을 제대로 정리하지 못했다고 생각한다. 많은 사람들이 전문적 지식은 학교에서나 배우는 것이라고 생각해 버렸다. 그러나 일반 소비자들도 이런 생활 목공 DIY 지식을 알고 집안의 가구들을 다시금 본다면 본인들이 소유했던 가구들이 새롭게 보이게 될 것이다. 내가 연기를 할 때 대본을 중요시하는 이유는 그것 자체가 그 영화의 개념이기 때문이다. 실제 현장에서 연기를 하는 것보다 대본을 보는 단계에서 그것들을 함께 보는 사람들이 서로 조화를 이루는 과정이 더욱 중요하다는 것을 연기생활 30여년이 다 되어가면서야 알게 되었다. 가구라는 것 즉 생활 목공 DIY도 바로 그런 것이다.

내가 이 책에서 개념을 중요시하고 강조한 이유는 나무를 만진다는 것이 나무를 아껴주면서 이해하는 일이기 때문이다. 많은 사람들이 나무를 좋아하고, 그래서 생활 목공 DIY 시장이 넓어지면, 나무를 이해하듯 화합하면서 건강한 삶을 살 수 있을 것이다

실용서 하나 내면서 너무 오버하는 것이 아니냐는 사람들도 있겠지만 나무가, 자연이라는 것이 그런 것이라 생각한다. 이것 하나만은 확신한다. 우리 인간의 마음의 병을 치유할 수 있는 유일한 약이 바로 그것이라는 것을……. 나무를 만지면서 내가 터득한 가장 큰 소득이기 때문이다.

바로 이 책이 여러분들에게 그 치유의 약이 될 수 있는 첫걸음이 되었으면 하는 소망이다.

천호진의 생활 목공 DIY

초판 1쇄 발행 | 2009년 11월 12일
초판 7쇄 발행 | 2019년 2월 16일

지은이 | 천호진
펴낸이 | 정상우
편집 | 이민정
관리 | 남영애 한지윤

펴낸곳 | 오픈하우스
출판등록 | 2007년 11월 29일 (제13-237호)
주소 | 서울시 마포구 동교로13길 34 (04003)
전화 | 02-333-3705 팩스 | 02-333-3745
openhousebooks.com
facebook.com/openhouse.kr

ISBN | 978-89-93824-23-0 (13590)